Ausgegrenzt

Carsten Burkhardt

Impressum:
Bibliografische Information der Deutschen Nationalbibliothek´. Die Deutsche Nationalbibliothek verzeichnet diese Publikation in der Deutschen Nationalbibliografie; detaillierte bibliografische Daten sind im Internet über http://dnb.d-nb.de abrufbar.

Veröffentlicht über Tredition
Januar 2024
4. Auflage
Alle Rechte vorbehalten
Copyright © 2024 Carsten Burkhardt
Texte: © Copyright by Carsten Burkhardt
Lektorat: Gebhardt Pöppe, Verena Ebner
Druck: Tredition
Covermodel: Florence Burkhardt
Coverfotograf: Carsten Burkhardt
Coverdesign: Valmont Coverdesign
Bildmaterial: Canva, Pixabay
Illustrationen: Claudia Kurth
Layout: Verena Valmont
Das Werk ist urheberrechtlich geschützt. Jede Verwertung außerhalb des Urheberrechtsgesetzes ist ohne Zustimmung des Autors unzulässig und wird strafrechtlich verfolgt.
Carsten Burkhardt
Mittelheide 23
49124 Georgsmarienhütte
Deutschland
Besuchen Sie uns auf:
www.tribusverlag.com

Danksagungen

Mein größter Dank geht an meine Ehefrau Vanessa.
Du hast mich auf die Idee gebracht, ein Buch über
das Thema Mobbing zu schreiben.
Ich liebe dich.
Ohne dich wäre so vieles
in meinem Leben nicht möglich.
Du bist mein ein und alles.

Auch meinen Kindern, Florence und Hannah möchte
ich einen lieben Dank aussprechen.
Ihr zeigt mir täglich, dass es im Leben Hoffnung
gibt.
Ihr macht mein Leben, lebenswert.
Ich liebe euch.

Danke Claudia Kurth.
Für die Gestaltung der Bilder.
Es ist toll, einen Menschen wie dich,
als Freundin zu haben.

Verena,
danke für deine Hilfe und Freundschaft.

**Auch dir möchte ich danken,
dass du mein Buch gekauft hast und Interesse an
meinem Werk zeigst, ich wünsche dir viel Freude
beim Lesen und gute Unterhaltung.**

Diese Geschichte habe ich zu dem Thema Mobbing
im Alltag, Schwerpunkt Schule, geschrieben.
Dies ist eine fiktive Geschichte, die jedoch für viele
Kinder und Jugendliche bittere Realität ist.

Wir müssen lernen zu erkennen, wann Kinder in
unserer Umgebung betroffen sind.

Sagt NEIN zu Mobbing!

Buchautor Carsten Burkhardt

Inhaltsverzeichnis

Vorwort

Mobbing - das totgeschwiegene Problem!

24,9 Millionen Menschen weltweit sind täglichen Mobbingattacken ausgesetzt. Jedes sechste Kind in Deutschland ist ein Opfer. Obwohl der wirtschaftliche Schaden bereits mehr als 5 Milliarden Euro beträgt, schweigen Betriebe und Schulen weiter.

Viel wichtiger als der finanzielle Verlust des deutschen Staats, wiegt der Verlust einer Familie, die ihr geliebtes Kind verliert. Nicht selten führen diese Angriffe zu einer Isolation, einer Wesensveränderung, einer psychischen Störung. Lange Therapieaufenthalte und die Einnahme von starken Medikamenten sind die Folge.

Im Erwachsenenalter sind diese Menschen oftmals beziehungsunfähig. Traurigerweise wählen bereits Kinder unter 15 Jahren den Freitod.

Mobbing ist nicht nur körperliche Gewalt, viel schwerwiegender ist die seelische Grausamkeit, die ertragen werden muss. Kinder schweigen oder lügen, um weiteren Konflikten aus dem Weg zu gehen.

Gespräche mit den Erziehungsberechtigten der Täter könnte die Stimmung weiter aufheizen. Verhängte Strafen könnten die Wut auf das Opfer ins unermessliche schüren.

Es ist darum umso wichtiger erste Anzeichen zu erkennen und sofort zu handeln.

- Leistungsabfall
- Angst vor der Schule
- Depressionen und Traurigkeit
- Fehlendes/beschädigtes Schulmaterial
- Das Taschengeld reicht nicht
- Ständige Bauch - oder Kopfschmerzen
- Fehlende Unbeschwertheit und Fröhlichkeit
- Übermäßige Müdigkeit
- Schlafstörungen
- Bettnässen
- Geheimniskrämerei
- Fehlender Umgang mit Freunden
- Aggressives, dominantes Auftreten gegenüber Geschwistern
- Verletzungen
- Plötzlich auftretende Allergien

Beobachten Sie das Kind sehr genau und notieren Sie sich gegebenenfalls diese Veränderungen. Ist es nur eine Phase der Entwicklung, wird vieles davon wieder verschwinden, so schnell, wie es aufgetreten ist. Können Sie jedoch keine Besserung feststellen, handeln Sie. Suchen Sie sich Hilfe, um ihrem Kind Hilfestellung leisten zu können. Sprechen Sie mit ihrem Hausarzt oder kontaktieren Sie einen psychologischen Berater in Ihrer Nähe. Nicht immer müssen Sie das Jugendamt informieren oder einen Psychologen aufsuchen.

Auch eine sehr wichtige Bezugsperson, die Oma oder die Lieblingstante, können hilfreich sein, wenn es darum geht, Informationen von Ihrem Kind zu erhalten.

Sprechen Sie ruhig und offen mit ihrem Sohn oder ihrer Tochter. Betonen Sie immer wieder, wie sehr Sie ihr Kind lieben und dass Sie sich Sorgen machen. Sagen Sie auch, was Ihnen fehlt, dass mit Ihnen gelacht und gealbert wird. Bieten Sie Ausflüge an, um das Kind abzulenken. Auf keinen Fall sollten Sie auf die Warnzeichen mit Strafen oder Enttäuschung reagieren.

Schreiben Sie einen offenen Brief an die Schule und bitten Sie darin um eine Vervielfältigung, damit die Mitschüler diesen erhalten und ihren Eltern vorlegen. Suchen Sie das Gespräch mit dem Schulleiter. Erfahrungsgemäß wird es ein langwieriger und schwerer Prozess sein. Öffentliche Schulen distanzieren sich gerne von den Vorwürfen, dass in ihrer Einrichtung gemobbt wird. Somit wäre die Autorität untergraben und das Personal unzureichend geschult.

Kein Kind ist davor sicher. Mobbing ist rassenunabhängig. Mobbing trifft reiche und arme Kinder. Dicke und dünne. Gebildete und weniger Gebildete. Mädchen und Jungen. Niemand kann sich sicher sein, dass nicht sein eigenes Kind die Nummer Sechs ist.

Schätzungsweise stirbt jeden zweiten Tag in Deutschland ein Kind durch die Folgen von Gewalt, Mobbing oder Suizid.

Der Trend zum Suizid
nimmt schreckliche Dimensionen an.

Es obliegt der Verantwortung der Erwachsenen,
diesem sinnlosen Sterben ein Ende zu bereiten.
Sei es, die Täter zu erkennen oder sei es,
das Leiden der Opfer zu sehen.

Beiden Seiten muss geholfen werden.

Hilfetelefon 0800 1110111

Linda

Linda wacht auf. Der Wecker klingelt und zeigt wieder diese gnadenlose Zeit 6:30 Uhr an.

Oh, wie gern würde ich jetzt weiterschlafen.

Sie rappelt sich hoch und geht ins Bad.

Ich wette, dass dieser Tag wieder einer von jenen ist, an denen man am besten im Bett geblieben wäre.

Sie ist mit Waschen und Zähneputzen fertig und geht zurück in ihr Zimmer.

Ach, warum legt Mama mir immer diese Kinderkleidung raus?

Sie reagiert bei dem Thema sofort genervt.

Wann begreift sie, dass ich erwachsen bin?

Sie geht an ihren Kleiderschrank und sucht sich ihr Outfit selbst aus. Anschließend schnappt sie sich ihre Brotdose, die ihre Mutter in der Nacht noch für sie fertiggemacht hat.

Oh Mann, schon wieder Graubrot.

Sie verlässt das Haus.

Unterwegs wirft sie das Brot in einen Mülleimer und holt sich ein Brötchen aus der Bäckerei an der Ecke. Sie ist noch sehr müde. Auf dem Weg zur Bushaltestelle bemerkt sie drei ihrer Mitschüler. Sofort wird das Mädchen unruhig und schickt ein Stoßgebet zum Himmel.

Bitte lass diesen Tag schnell vorbei sein.

Um zu laufen, ist der Schulweg zu lang, daher muss sie mit dem Bus zur Schule fahren.

Sie hasst Busfahren. Es ist ein beklemmendes Gefühl, in dieser Blechschüssel eingesperrt zu sein. Seit Wochen ist ihr Alltag ein Horror. Mit gesenktem Kopf steigt sie ein und nimmt hinter dem Busfahrer Platz. Linda spürt die Blicke der Jungs in ihrem Nacken. Es dauert nicht lange, da taumelt Ben auf sie zu.

„Du Brillenschlange, du bist so dumm! Dass du den Weg zum Bus findest, ist ein Wunder."

Triumphierend hebt er seinen Arm und sonnt sich in Anerkennung seiner Freunde.

Yusuf lässt es sich nicht nehmen und brüllt von den Sitzen hinter ihr:

„Warum schaust du so dämlich?"

Linda versucht nicht darauf zu reagieren. Sie weiß, dass es ihnen einen Grund geben würde, noch schlimmere Dinge zu sagen und vielleicht auch zu machen. Es ist schon oft vorgekommen, dass die drei ihre Sachen kaputtgemacht haben oder sie schubsten. Jedes Wort, das sie hören muss, ist wie ein Stich ins Herz. Das Mädchen schaut verstohlen auf den Boden, um ihre feuchten Augen zu verstecken. Die Jungs feiern sich und ihr Tun. Langsam suchen sich die Tränen einen Weg über ihr zartes Gesicht.

Wieder hat sie Schwäche gezeigt, wieder haben die drei gewonnen. Enttäuscht von sich selbst dreht Linda ihren Kopf zum Fenster. Warum sind diese Kinder so böse zu ihr? Sie kann sich nicht daran erinnern, dass sie je zu einem anderen Kind so gemein waren.

Schon lange hat sie keine Freunde mehr. Es fällt ihr schwer, neue Kontakte zu knüpfen.

Vielleicht liegt es daran, dass sie so schwach ist und ständig einstecken muss.

Yusuf schreit: „Hey Linda, warum hat deine Mutter dir so einen Loser Namen gegeben?"

Linda reagiert nicht darauf und die anderen Kinder im Bus ignorieren die Situation. Yusuf springt auf und kommt nach vorne:

„Ich habe dich was gefragt, also antworte!"

Ihre Stimme zittert.

„Ich habe keinen Loser Namen und jetzt lass mich bitte in Ruhe."

Yusuf merkt, dass Linda mit den Tränen kämpft. Eigentlich sollte man meinen, dass er aufhört, weil er bereits zu weit gegangen ist. Doch ist es für ihn als Mobber eine Einladung, um weiterzumachen. Er dreht sich zu den anderen und spottet in zynischem Ton:

„Schaut mal Leute. Die heult schon wieder."

Er winkt seinen Freunden zu. Max und die anderen feuern in an: „Los Yusuf, zeig ihr, wer der Boss ist!" Er fasst ihr an den Kragen und zieht sie vom Sitz hoch.

„Lass mich in Ruhe Yusuf!"

Plötzlich brüllt der Busfahrer:

„Setzt euch hin und lasst das Mädchen in Ruhe!"

Yusuf lacht:

„Halt die Schnauze, du Berufsversager!" Seine Freunde lassen es sich nicht nehmen den Busfahrer ebenfalls zu beleidigen.

Penner, Arschloch, Versager sind die Worte, die nach vorne gerufen werden. Energisch tritt der Fahrer auf die Bremse und Yusuf fällt fast zu Boden.

„Ich will, dass ihr sofort hier aussteigt! Ich dulde dieses Verhalten nicht!"

Linda greift erschrocken seinen Arm:

„Bitte, nicht!"

Verwundert blickt der Fahrer sie an. Er kann die Angst in ihrem Gesicht sehen

„Warum möchtest du das nicht? Die sind doch nur gemein zu dir!"

„Ich habe meine Gründe."

Er lässt die Jungs im Bus. Er ermahnt die Gruppe und fährt weiter.

Ohne weitere Vorfälle kommen sie an der Schule an und Linda steigt nach allen anderen aus dem Bus. Die Gruppe stellt sich sofort um sie herum. Dankbarkeit für ihre Hilfe bei dem Busfahrer hat sie nicht zu erwarten. Die Jungs sehen sauer aus. Linda versucht weiterzugehen, aber Yusuf packt sie am Arm und hält sie fest.

„Lass mich in Ruhe, Yusuf!" Linda versucht sich loszureißen, aber Yusuf packt ihren Arm noch fester. Linda spürt den Schmerz. Er kommt ganz nah an ihr Gesicht.

„Ach Linda, wärst du mal im besser im Bett geblieben!"

Yusuf grinst die anderen an und jetzt legt er richtig los: „Oh, Linda, warum hetzt du den Busfahrer immer gegen uns auf? Wir haben gar nix gemacht! Du hast uns doch mit deiner hässlichen Fresse dazu gebracht! Dass wir dir Aufmerksamkeit schenken, das muss Prinzesschen doch ehren."

Die anderen feiern das, was Yusuf sagt.

Max grölt: „So jemanden wie dich muss man doch beleidigen. Das verstehst du doch, oder? Hast du noch nie in einen Spiegel geschaut?"

Lindas Blick ist auf ihre Schuhe gerichtet, sie wagt es nicht ihren Peinigern in die Augen zu sehen. Hilflos ist sie dem Gespött und den Anfeindungen ausgeliefert.

Max kommt nun so richtig in Fahrt: „Ach stimmt! Die gehen ja immer gleich kaputt, wenn du reinschaust."

Sie lachen und laufen in Richtung Eingang. Linda verharrt bis alle im Gebäude verschwunden sind und geht traurig die Stufen hoch.

Ich kann nicht mehr, die machen mich ständig fertig.

Sie kann ihr Schluchzen und Weinen kaum noch zurückhalten.

In ihrer Klasse sind 20 Schüler. Niemand steht zu ihr. Sie sitzt täglich zwischen ihren Mobbern und denen die wegschauen. Sie steht mit jeder Auseinandersetzung allein da und das macht es für sie oft unerträglich. Drinnen angekommen, geht sie erst einmal in die Toiletten, um sich frisch zu machen, bevor sie in ihre Klasse geht. Sie möchte nicht, dass die anderen sehen, dass sie wieder geweint hat. Immer wieder flüchtet sie hierher, um dem Gespött der anderen zu entkommen.

Die Toilette ist ihr Zufluchtsort, auch wenn ihre Mitschüler sie schon oft kopfüber in die Toilettenschüssel gedrückt haben.

An diesen Tagen möchte sie sich am liebsten in Luft auflösen. Sie spürt, wie alle sie anstarren, wenn sie mit nassen Haaren auf ihrem Platz sitzt. Beinahe jeden Tag ist sie ihren Peinigern ausgeliefert.

Am Anfang konnte sie ihre Tränen noch zurückhalten, in letzter Zeit ist sie zu schwach. Auch heute klappt es nicht.

Ihre Augen werden wieder nass und die Tränen laufen ihr die Wangen herunter. Sie zittert vor Angst und Wut.

Warum gehe ich eigentlich noch hier hin, ich will nicht mehr zur Schule. Aus mir wird doch eh nichts. Ich könnte doch einfach zu Hause bleiben. Ich will mir das hier nicht mehr antun. Keiner würde mich vermissen, ich kann nicht mehr.

Linda ist 15 Jahre alt und geht auf die Hauptschule in ihrem Wohnviertel. Sie hat es nicht leicht, da sie sich jeden Morgen selbst fertigmachen muss und keiner da ist, der sie versorgt. Ihre Mutter ist morgens schon ab 4 Uhr aus dem Haus, um zu arbeiten. Sie sagt immer zu Linda, es sei nicht viel, aber besser als vom Amt zu leben. Einen Vater gibt es in Lindas Leben nicht. Er hat die beiden nach ihrer Geburt verlassen. Ihre Mutter erklärte ihr das, als sie gerade 8 Jahre alt war.

„Dein Vater wollte keine Kinder und kann damit auch nichts anfangen. Sei froh, dass er weg ist!"

Oft liegt Linda in ihrem Bett und stellt sich vor, wie ihr Papa wohl wäre. Sicherlich hätte er es niemals zugelassen, dass andere Kinder so fies zu ihr sind. Manchmal fragt sie ihre Mutter nach ihrem Vater. Aber dieses Thema ist keines, über das ihre Mutter reden möchte und nicht selten enden diese Gespräche in Streit und einer großen Traurigkeit.

Sie hört die Schulglocke.

Mist, jetzt aber schnell. Ich muss in den Unterricht.

Sie hasst es, als Letzte in die Klasse zu kommen. Jeder starrt sie an. Die Kinder lachen und tuscheln. Sie wischt sich ihre Tränen ab und macht sich ein bisschen kaltes Wasser ins Gesicht. Kurz abtrocknen und los. Als sie beim Klassenraum ankommt, schaut sie durch das kleine Fenster in der Tür. Ihre Mitschüler sind vollzählig und der Lehrer schreibt schon etwas an die Tafel. Vorsichtig öffnet sie die Tür und drückt sich auf ihren Platz.

„Ach, gnädiges Fräulein hat es auch noch geschafft. Setz dich hin. Vielleicht möchte Madame noch einen Tee?"

Die Klasse johlt. Selbst Herr Pietsch findet wohl Gefallen daran, sie bloßzustellen. Sieht er denn nicht, wie sehr sie leidet? Wie kann er es denn auch sehen, er würdigt sie nicht eines Blickes.

Jan, der dritte der Bus-Bande sagt mit weinerlicher Stimme:

„Oh, Madame ist wieder zum Heulen auf dem Klo gewesen. Linda, heult immer. Linda hockt auf dem Klo wo andere scheißen und heult, uh-oh!"

Die Klasse bricht in schallendes Gelächter aus und stimmt in seinen weinerlichen Gesang ein. Herr Pietsch dreht sich um und ruft:

„Ruhe jetzt!"

Die Kinder verstummen. Linda hat noch nicht eine Minute Unterricht gehabt, dafür aber eine große Menge Spott und Hohn geerntet. Sie ist schon wieder durch die Hölle gegangen, ihre eigene tägliche Hölle. Obwohl sie das Gefühl hat, an ihrer Traurigkeit kaputt zu gehen, versucht sie dem Unterricht zu folgen.

In der ersten Stunde steht Mathematik auf dem Lehrplan. Früher war das ihr Lieblingsfach. Heute meldet sie sich nicht mehr. Sie möchte unsichtbar sein, nicht auffallen. Keine Angriffsfläche mehr bieten. Sie hat Angst, dass die Jungs sie noch mehr quälen.

Davor, dass sie noch mehr gemobbt wird. Die Lehrer geben ihr schlechte Noten in der Mitarbeit. Linda war immer eine gute Schülerin, doch jetzt werden ihre Noten immer schlechter. Selbst der Direktor bat sie zu einem Gespräch. Er vermutete, dass sie zu Hause Probleme hat. Aus Angst vor ihren Peinigern, schwieg das Mädchen und gelobte Besserung.

Sie beobachtet den großen Zeiger der alten Uhr. Unaufhaltsam tickt er der nächsten Stunde entgegen. Sport.

„Die machen mich gleich wieder fertig im Sport," murmelt sie vor sich hin.

Ein lauter Gong reißt sie aus den Gedanken und sie macht sich auf den Weg in die Sporthalle. Ihre Mitschüler laufen an ihr vorbei.

Kevin drückt sie zur Seite:

„Lauf mal schneller, du fette Kuh!"

Kichernd hakt sich Ivonne bei ihm ein:

„Boah, ist die behindert". Linda merkt, wie ihr Herz noch schneller schlägt, es ist richtig am Rasen. In ihrem ganzen Körper kribbelt es und sie beginnt wieder zu zittern.

In dem Mädchenumkleideraum zieht sich Linda aus. Die Mädchen aus ihrer Klasse schauen auf ihre Oberweite. Sie hat einen größeren Busen als ihre Mitschülerinnen.

Ramona kommt auf sie zu und zwickt hinein: „Warum hast du so große Dinger?"

Sie lacht und tänzelt um Linda herum.

„Na, dann kannst du wenigstens später dein Geld damit verdienen."

Ivonne stellt sich auf die Bank und säuselt: „Genau, als Nutte, für was anderes bist du ja eh zu dumm."

Ihre Klassenkameradinnen lachen. Linda stehen schon wieder die Tränen in den Augen. Beschämt zieht sie sich ihr Sport-Shirt an, doch auch damit hören die Beleidigungen nicht auf.

Leise flüstert das Mädchen:

„Ich kann doch nichts dafür."

Sie richtet sich auf und blickt Ramona direkt in die Augen. Ramona wirft Linda ihre dreckigen Socken ins Gesicht:

„Klar kannst du was dafür. Du bist an allem schuld. Hast du das noch nicht kapiert, du Asi?"

Ivonne und Jana drücken Linda zu Boden. Ramona drückt ihr die Socken in den Mund und setzt sich auf sie.

„Verrecken sollst du. Du bist eine hässliche Kuh. Du bist sogar zu doof, um mit Männern rumzumachen!"

Sina schlägt ihr hart in das Gesicht:

„Genau, spring einfach aus dem Fenster, du Missgeburt. Kein Wunder, dass dein Vater weg ist. Niemand kann dich liebhaben!"

Sina nimmt Lindas Sportbeutel und versenkt ihn in der Toilette. Dann öffnet sie den Spint und kommentiert Lindas Kleidung.

„Die ist doch verantwortlich dafür, dass manche Leute Augenkrebs bekommen. Wie kann man in solchen Klamotten herumlaufen?"

Ramona packt ein Shirt und riecht daran:

„Stinkt nach totem Fisch. Vom Waschen hast du auch noch nichts gehört, oder?"

Die anderen Mädchen ihrer Klasse stehen lachend um das Knäul am Boden und klatschen in die Hände. Endlich lassen sie von ihr ab.

Linda steht auf und sammelt ihre Kleidung auf. Ein kräftiger Tritt in ihren Po bringt sie wieder zu Fall.

„Du bist echt zu dumm für alles. Sogar zum Laufen!" Ivonne reicht ihr die Hand. Linda greift instinktiv danach, nur um erneut zu Fall gebracht zu werden. Ein Mädchen aus der Gruppe der

Umherstehenden ruft laut:

„Gibt's bei Aldi jetzt auch Klamotten für Asis und Doofies?"

Ein anderes Mädchen entgegnet:

„Ne, die gibt's im Altkleidercontainer!"

Ivonne macht kehrt und brüllt:

„Du und deine Mutter seid asoziale Schlampen!"

Weinend kauert Linda auf dem Boden. Ihre Wange schmerzt und bei dem erneuten Sturz hat sie sich das Handgelenk umgebogen. Sie blickt traurig ihren Mitschülerinnen hinterher und wird auf einmal wütend.

Doch sie lässt die Wut nicht an den Mädchen aus, nein die Wut richtet sie auf sich selbst und ihre Mutter.

Warum kauft Mama immer diese billige Kleidung für mich, ich hasse sie dafür!

Während sie den Turnbeutel aus der Toilette fischt und im Waschbecken säubert, blickt sie in den Spiegel. *Warum habe ich keinen Vater?*

Der würde mir schöne Sachen kaufen und für mich und Mama sorgen. Mama könnte zu Hause bleiben und wir könnten gemeinsam einkaufen gehen.

Jetzt muss sie abgetragene, billige Kleidung tragen, weil kein Geld für neue Hosen oder Pullover da ist.

Der Sportlehrer betritt die Umkleide, um nach Linda zu sehen.

„Wir sind schon alle aufgestellt für Volleyball. Wo bleibst du denn?"

Er bemerkt ihr von Tränen gezeichnetes Gesicht.

„Ist dir nicht gut?" Sie schüttelt verneinend den Kopf.

„Ich bin ausgerutscht und gefallen," lügt sie.

Herr Fischer nimmt ihre Hand und untersucht diese kurz.

„Ich glaube eher, du hast keine Lust, das geht so nicht weiter, Linda. Stell dich auf und mach mit, sonst muss ich dir eine Sechs geben."

Linda folgt ihm mit gesenktem Kopf und stellt sich neben Ramona.

„Du hast bestimmt was gesagt, du Petze, das wirst du noch bereuen," zischt diese.

Die Stimmung ist angespannt. Es scheint, als schaue jeder auf Linda. Sicher denken sie alle, sie habe gepetzt. In diesen Momenten wünscht sich das Mädchen mutig genug zu sein, es auch tatsächlich einmal zu tun. Ob die Quälereien dann aufhören würden?

Ben und Ramona rufen ihr Team zusammen. Linda bleibt wie immer als Letzte übrig.

„Einer von euch wird sie wählen müssen.", bemerkt Herr Fischer.

Ramona tritt einen Schritt vor und nimmt Linda an die Hand.

„Heute ist dein Glückstag. Ich habe noch keine gute Tat vollbracht. Also spielst du für uns."

Sie nickt Ben zu. Linda spürt, was sie erwarten wird. Für sie macht es keinen Unterschied, ob dieses oder jenes Team. Trotz großer Schmerzen versucht Linda ihr Bestes. Der Lehrer hat sie bereits nach wenigen Minuten eingewechselt. Er scheint zu spüren, dass die Stimmung innerhalb der Klasse aufgeheizt ist. Bens Team ist das Stärkere. Jedes Mal, wenn es einen Punkt erzielt, geifern ihre Mitspieler gegen Linda.

„Du fette, faule Pute, beweg mal deinen dreckigen Hintern."

Ramona gibt ihr eine Kopfnuss. Herr Fischer ermahnt sie und schreibt etwas in sein Notizbuch.

„Wenn ich jetzt wegen dir Ärger bekomme, dann bist du tot!"

Linda hat keine Zeit, über diese Worte nachzudenken. Ben schmettert ihr mit voller Wucht den Ball ins Gesicht. Ein Knacken und ein unerträglicher Schmerz reißen dem Kind den Boden unter den Beinen weg. Sie fällt unsanft und schreit laut. Herr Fischer pfeift das Spiel ab und bahnt sich einen Weg durch die lachenden Kinder.

„Ben, zum Rektor, sofort. Das war volle Absicht, das habe ich gesehen!"

Er hebt Lindas Kopf an und drückt ihr ein Tempo auf die Nase. Unaufhörlich rinnt Blut heraus. Ramona dreht sich weg und zuckt mit den Schultern.

„Die war selbst schuld, was steht die auch wie angewurzelt da. Also, ich finde nicht, dass es Absicht war. Denkt noch jemand so wie ich?"

Die Schüler nicken. Herr Fischer schaut in die Runde und bemerkt beiläufig:

„Dann habe ich mich wohl verguckt."

Er schaut, ob ihre Nase gebrochen ist.

„Ramona, hol den Erste-Hilfe-Kasten!"

„Warum, die soll sich nicht so anstellen und wenn die den braucht, kann die ihn selbst holen!"

Sina stimmt ihr zu:

"Echt, die verliert ja kein gutes Aussehen, bei uns wäre das viel schlimmer."

Alle lachen. Der Lehrer blickt auf und schreit Ramona an: „BEWEG DICH und hol den Erste-Hilfe-Kasten, jetzt!"

Gelangweilt wirft diese ihr blondes langes Haar zurück und murmelt:

„Ja gut, wenn es sein muss."

Sie holt den Erste-Hilfe-Kasten und der Lehrer versorgt die Nase und kühlt den Nacken, damit die Blutung weniger wird.

Besorgt spricht er zu Linda:

„Du hast Glück gehabt, die Nase ist nicht gebrochen, soll ich deine Mutter anrufen?"

„Nein, es geht schon, es wird schon weniger."

Der Sportlehrer stellt Linda für den Rest des Unterrichts frei. Als die zwei Sportstunden vorbei sind, kommt sie in den Umkleideraum und sieht, dass ihr Sportbeutel weg ist.

Ramona zeigt stumm in die Richtung der Duschen. Die anderen Mädchen kichern. Ihre Sachen liegen in einer Kabine und werden von einem Wasserstrahl getränkt. Sie ballt ihre Hände zusammen. Am liebsten würde sie sich jetzt umdrehen und Ramona verhauen. Aber sie weiß, sie hat keine Chance. Ihr Sport-Shirt und ihre Hose sind voller Blut.

Ihre Kleidung völlig durchnässt. Während die anderen Mädchen den Umkleideraum verlassen, um in die nächste Stunde zu kommen, stellt sich Linda unter die Dusche. Sie dreht sie auf heiß. Der Schmerz in ihrer Seele wird betäubt von dem heißen Wasser. Linda schrubbt sich, als wolle sie die Pein und die Qual von sich abwaschen.

Obwohl sie freigestellt ist, kann sie nicht nach Hause. Linda sitzt in ihren blutdurchtränkten Sportsachen auf der Bank der Wendeschleife und wartet auf den Bus.

Es vergehen 50 Minuten, bis der Bus kommt. Die letzte Stunde ist bald aus und ihre Peiniger werden zu ihr stoßen. Linda steht auf und betrachtet ihr Spiegelbild in dem Aushänger des Busfahrplans. Ihre Nase ist geschwollen, ihre Augen sind unterlaufen. Sie zieht ihren Arm aus der Jacke und betrachtet ihn. Er ist krebsrot und brennt wie Feuer. Die Dusche war voller Dampf, als sie diese verlassen hat.

Ich habe wohl zu heiß geduscht.

Ihre Hand ist dick. Der Gong reißt sie zurück. Johlend und grölend rennen die Schüler aus dem Gebäude. Ängstlich versucht sie unter der Menge, ihr bekannte Gesichter auszumachen.

Ben ist der erste, den sie sieht. Er bricht in schallendes Gelächter aus und brüllt:

„Schaut mal, die hat sich wehgetan. Kommt Leute, eine Runde Mitleid!"

Ein gemeinschaftliches Wehklagen ertönt. Der Bus biegt ein und Linda versucht schnell hinter dem Busfahrer Platz zu nehmen. Ramona packt sie an ihren Haaren und zieht sie zu zurück.

Linda schreit, es schmerzt, doch sie ist zu ängstlich was zu sagen oder sich zu wehren. Immer doller zieht Ramona, bis Linda es nicht mehr aushält und sich losreißt. Sie drückt sich an den einsteigenden Kindern vorbei und beobachtet, wie Ramona Büschel ihrer Haare in die Höhe hält. Wie eine Trophäe. Ivonne steigt in den Bus und setzt sich wie selbstverständlich neben Linda.

Mit einem breiten Grinsen im Gesicht starrt sie das Mädchen die ganze Fahrt über an. Linda traut sich kaum zu atmen. Bevor Ivonne an ihrer Haltestelle aussteigt, kommt sie ganz nah an ihr Gesicht und flüstert:

„Ramona sagt, du wirst dir noch wünschen, niemals geboren zu sein."

Linda zuckt zusammen.

Man was soll ich jetzt machen, es wird immer schlimmer.

Ramona muss an der nächsten Haltestelle aussteigen und verpasst Linda wieder eine Kopfnuss. Dann zieht sie ihren Kaugummi aus dem Mund und verschmiert ihn in den langen Haaren des Mädchens.

„Damit du mich bis morgen nicht vergisst."

Die letzten Fahrminuten verbringt Linda damit, auf das Spiegelbild im Fenster zu starren.

Ich möchte stark sein, ich wünschte, ich hätte den Mut, sie auch zu schlagen, sie alle zu verprügeln.

Was soll sie ihrer Mutter sagen? Das Kind ist froh, dass dieser Schultag ein Ende hat. In diesen Momenten wünscht sie sich unsichtbar zu sein. Zuhause angekommen, versucht sie den Kaugummi aus ihren Haaren zu entfernen, doch es funktioniert nicht und so entschließt sie sich die Strähne rauszuschneiden.

„Ich hoffe, dass man dann keine Lücke sieht."

Sie schaut in den Spiegel und sieht ihre geschwollene Nase, die verklebten Haare, ihre blutigen Sportsachen.

Ich bin noch ganz schön am Zittern, hoffentlich geht das gut.

Sie atmet drei Mal tief ein. Sie merkt plötzlich, dass sie nicht mehr zittert. Eine seltsame Gleichgültigkeit kommt über sie, plötzlich ist ihr alles egal.

Was ist mit mir los?

Sie schaut auf die Schere und geht mit ihrem Finger an der Klinge entlang. Sie hat sich ein wenig dabei ihren Finger aufgeschnitten.

Oh ich blute, aber es tut nicht weh.

Linda fühlt eine Freiheit, die sie so noch nie in ihrem kurzen Leben gespürt hat.

Wenn ich jetzt einfach meine Handgelenke aufschlitze, dann habe ich es hinter mir. Mama bekommt von mir sowieso nichts mit.

Sie setzt sich an ihren Schreibtisch und fängt an zu schreiben.

„An meine Klasse. Ich wollte euch nur sagen, wenn ihr das lest, dann bin ich tot. Und, dass ihr daran schuld seid. Ich hoffe, ihr werdet nie wieder froh sein in eurem Leben und ich hoffe, irgendwann haut euch das Schicksal gewaltig eins in die Fresse. MFG, Linda."

Sie nimmt ein weiteres Blatt und schreibt:

„Liebe Mama. Es tut mir leid, dass du jetzt wieder einen Saustall hast, den du sauber machen musst. Aber sieh es mal positiv: Du musst nie wieder hinter mir herräumen. Ich habe dich lieb, Linda. P.S. gib Papa bitte seinen Brief. Danke."

„Hallo Papa. Ich habe gehofft, dich doch noch kennenlernen zu dürfen. Leider wird es in diesem Leben nicht mehr

dazu kommen. Heute habe ich beschlossen, meinem ätzenden Leben ein Ende zu setzen. Mit Mama kann ich über meine Probleme nicht reden, sei ihr aber bitte nicht böse. Sie kann nichts dafür. In der Schule ist jeder gegen mich und ich halte es einfach nicht mehr aus. Ramona und Ivonne sind heute besonders gemein gewesen und haben mich so geschubst, dass mein Handgelenk wehtut. Beim Volleyball hat mir Ben den Ball mit voller Absicht auf die Nase geworfen. Jetzt sehe ich aus, als wäre ich gegen einen Bus gelaufen. Meine Klamotten haben sie in die Dusche geworfen und nass gemacht. Ich musste in meinen blutigen Sportsachen nach Hause fahren. Das geht jetzt schon einen Monat so. Jeden Tag habe ich Bauchweh. Ärztin werde ich nicht mehr mit meinen schlechten Noten. Ich habe immer darüber nachgedacht, wie es wohl wäre, wenn du bei uns gewesen wärst. Ich bin mir aber sicher, irgendwann sehen wir uns. Ich habe dich lieb Papa, deine Tochter Linda."

Während sie schreibt, laufen ihr die Tränen über das Gesicht. Die Tränen fallen auf das Papier, sie durchtränken es und an den getroffenen Stellen wellt sich das Papier. Sie faltet die Briefe und steckt sie in die Umschläge. Sie leckt die Umschläge ab und schreibt fein säuberlich die Empfänger auf die Umschläge. Sie steht auf, holt ihren Teddybären aus einer Schreibtischschublade und ein Messer aus der Küche. Sie geht wieder ins Badezimmer, in der einer Hand hält sie ihren Bären und in der anderen das große Küchenmesser.

Sie hält die Klinge an ihr Handgelenk und spürt das kalte Metall an ihrer Haut. Sie merkt, wie die Klinge rauf und runter geht, vom Pulsieren ihrer Pulsader.

Ich mache jetzt meine Augen zu und schneide. Ich zähle jetzt bis drei und dann schneide ich, eins, zwei, drei –

Sie zieht das Messer nach hinten über ihre Haut.

Aaaahhhh!

Sie sieht, wie an der Schneide das Blut sich seinen Weg über ihr Handgelenk sucht. Sie schmeißt das Messer in das Waschbecken und hört das knallende Geräusch als das Messer auf das Porzellan des Beckens trifft.

Warum bin ich nur so feige?

Sie ist richtig sauer auf sich selbst. Die Wunde blutet und das Blut läuft ihre Hand hinab. Ihre Beine werden weich und sie lässt sich an der Wand hinter sich zu Boden fallen. Eine ganze Weile sitzt sie zusammengekauert auf dem kalten Fliesenboden und weint. Sie wippt mit ihrem Oberkörper vor und zurück.

Plötzlich überkommt sie ein grausames Gefühl, was sie dazu bringt aufzuspringen. Sie steht vor dem Spiegel und sieht, wie verweint ihr Gesicht aussieht.

Sie nimmt die Schere aus dem Schrank, fasst die Strähne mit dem Kaugummi zwischen Daumen und Zeigefinger und schneidet sie vorsichtig, ganz nah an der Kopfhaut ab. Es gelingt ihr, ohne dass man großartig sehen kann, dass eine Strähne fehlt.

Warum immer ich, warum muss immer ich so etwas durchmachen?

Sie nimmt einen Verband aus dem Schrank und versorgt die kleine Wunde. Sie ist nicht tief, aber sie schmerzt.

Linda geht in ihr Zimmer und holt einen Schuhkarton unter dem Bett hervor, öffnet ihn und nimmt einen Briefblock heraus.

Als sie acht Jahre alt war, fand sie ein Schreibset im Briefkasten, ohne Absender. Linda ist sich seitdem sicher, dass ihr Vater dieses Geschenk gebracht hat.

Ihre Mama hat es nie gesehen, denn Linda hat es sofort in ihrer Kiste versteckt.

Sie sitzt auf ihrem Bett und holt ein rosa Freundschaftsbuch aus dem Schuhkarton. Sie öffnet es und auf der ersten Seite sieht sie ein sommersprossiges Gesicht mit roten Locken. Das Mädchen mit den roten Haaren lacht sie an. Sie fährt mit dem Finger über das Glitzerherz und pustet den Staub in die Luft. Linda nimmt den Briefblock und beginnt zu schreiben:

„Jana, in meinem Freundschaftsbuch steht, dass du dir wünschst, für immer meine beste Freundin zu sein. Vor fünf Jahren warst du jeden Tag bei mir. Wir haben gelacht und geweint. Wir haben Blutsfreundschaft geschworen und waren immer zusammen, wie Schwestern. Wo ist das Mädchen hin, das mir Gruselgeschichten erzählt hat?

Wo ist das Mädchen hin, die mich für den Schulfasching geschminkt hat? Wo ist das Mädchen hin, dem ich alles erzählen konnte? Wo ist das Mädchen hin, das mir lebenslange Freundschaft versprochen hat? Ich habe niemanden mehr. Und du bist jetzt mit Ramona und Ben befreundet. Ich würde niemals zulassen, dass dir jemand so weh tut! Ich höre immer noch unser Lied und habe Pille, den Bären...“

So ein Blödsinn!

Linda knüllt den Zettel zusammen und schneidet mit der Schere ein Ohr von Pille ab. Hastig stopft sie das Papier hinein und rennt hinter das Haus.

Sie schmeißt Pille auf den dreckigen Boden und springt immer wieder auf ihn.

Ich hasse dich! Wie kannst du mir das antun! Ich hasse dich, hörst du!

Linda lässt erst von dem Teddybären ab, als sie ihre Kräfte verlassen. Der Zettel ist herausgefallen und der Wind treibt ihn davon. Wütend geht sie zurück ins Haus. Ihre Mutter wird bald kommen. Ihre Kopfhaut brennt noch immer wegen Ramonas Attacke.

Linda ist genervt. Heute läuft aber alles falsch.

Nicht mal was zu essen ist da! Ich könnte echt ausflippen!

Sie geht an den Vorratsschrank und findet eine Fix-Soße und eine Packung Nudeln. Sie kocht sich ihr Essen und setzt sich vor den Fernseher. Es kommt nichts was sie interessiert. Auch nimmt ihr die Einsamkeit den Hunger. Nach einem halben Teller entschließt sie sich nach draußen zu gehen. Auf dem Flur begegnet sie ihrer Nachbarin Frau Lorenz. Diese spricht sie an:

„Hallo Linda, wie geht es dir?"

„Mir geht es gut.", entgegnet Linda.

„Das freut mich. Sag deiner Mutter bitte, dass ich den Gutschein vom Zoo für sie habe."

„Mache ich."

Linda geht den Flur entlang und drückt gegen die Haustür.

Sie empfindet es als so mühsam wie noch nie sie zu öffnen, doch sie schafft es. Geblendet muss sie die Augen zusammenkneifen.

Ah, ist das hell.

Die Sonne kitzelt ihr die Nase, wodurch sie lächeln muss.

Mein Gesicht tut weh.

Sie merkt, dass sie ihre Lachmuskeln wenig benutzt.

Ein leichter warmer Wind zieht an ihr vorbei.

Das ist schön.

Sie streckt ihre Arme zu beiden Seiten aus und genießt das Gefühl der Sonne und den warmen Wind am Körper. Sie geht hinter das Haus und setzt sich beim Kellereingang auf die Stufen und träumt vor sich hin.

Ich wäre so gern schon erwachsen, dann könnte mir keiner mehr weh tun.

Sie schaut zum Himmel und sieht die weißen Wolken.

Dort oben ist es bestimmt auch schön.

Sie sieht wie die Wolken sich bewegen und Formen bilden.

Das ist eine Ente und diese dort ist ein… hmmm, ich weiß es nicht. Egal dann ist es halt eine Wolke.

Sie lacht über sich selbst. Die Zeit vergeht und sie träumt weiter und weiter.

Stundenlang kann sie dort sitzen und einfach ihre Ruhe genießen, bis ihr auffällt, dass die Sonne fast weg ist.

Ich muss rein, es ist schon so spät.

Sie steht auf, doch will sie nicht um das Haus herumlaufen und so entschließt sie sich durch den Keller zu gehen. Sie hat Angst vor dem Keller, da dort immer so gruselige Geräusche zu hören sind und er so groß ist, mit vielen Gängen.

Ich traue mich.

Also macht sie es wie immer und rennt, so schnell sie kann, durch den Kellerflur.

Ah, schneller ich sehe schon die Tür.

Sie hastet die Treppe rauf und macht schnell die Tür zu.

Puh, geschafft. Ich habe immer noch Gänsehaut.

Sofort eilt sie noch durch den Hausflur und die Treppen hoch. In der Wohnung angekommen, weiß sie erneut nicht was sie machen soll und so geht sie in ihr Zimmer und hört Musik. Sie legt sich auf den Boden und schaut ihre Zimmerdecke an und schon träumt sie sich wieder in ihre eigene schöne Welt.

Am späten Nachmittag kommt Lindas Mutter von der Arbeit und Linda möchte mit ihr reden, das hat sie sich fest vorgenommen. Doch ihre Mutter ist so fertig von der Arbeit, dass sie nicht zuhört.

„Mama ich muss dir was Wichtiges erzählen!", fleht Linda.

Ihre Mutter antwortet genervt:

„Linda, ich komme gerade von der Arbeit und habe jetzt nicht die Nerven dir zuzuhören!"

„Aber Mama, es ist wichtig!", fleht Linda.

Ihre Mutter winkt ab:

„Dann ist es nachher auch noch wichtig, also ab in dein Zimmer, ich brauche jetzt meine Ruhe."

Linda ist sauer und enttäuscht. Sie ist sogar so sauer, dass sie ihre Zimmertür zuknallt und sich aufs Bett schmeißt. Sie macht die Musik ganz laut.

Mama ist so ungerecht, ich hasse sie so sehr. Sie versteht mich nicht!

Ihre Mutter merkt nicht mal mehr, dass Linda die Musik zu laut gemacht hat. Sie ist schon vor Erschöpfung auf dem Sofa eingeschlafen. Es vergehen ein paar Stunden und Linda hat sich wieder beruhigt.

Sie geht aus ihrem Zimmer ins Wohnzimmer und sieht ihre Mutter in voller Kleidung mit Schuhen schlafend auf dem Sofa sitzen.

Ach Mama du hast es auch nicht leicht!

Linda zieht ihr die Schuhe und die Jacke aus, dann legt sie ihre Beine aufs Sofa und deckt sie zu. Sie macht ein Teller Nudeln mit Soße fertig und stellt ihn auf den Tisch, mit einem Zettel, ich habe dich lieb Mama. Anschließend macht sie sich fertig fürs Bett und legt sich schlafen.

Linda liegt im Bett und schaut wieder an ihre Zimmerdecke.

Ich bin mit allem allein, keiner versteht mich. Ich möchte, dass Mama mir zuhört, verdammt ich heule schon wieder. Linda macht ihre feuchten Augen trocken.

Meine Augen brennen schon wieder.

Sie versucht einzuschlafen. Ihre Augen werden schwer und sie gleitet in die Traumwelt hinüber.

„Spring, spring, spring!" Ich stehe auf einer Mauer und blicke nach unten. Jana winkt mir lächelnd entgegen. „Es passiert nichts, komm spring!" Ihre roten Locken wehen im Wind. Mir ist kalt. Ich schaue an mir herab. Ein weißes Nachthemd weht mir um die Knöchel. Jana wird energischer: „Spring endlich. Komm. Es wird alles gut. Ich bin hier!" Als ich genauer hinsehe, bemerke ich, wie ihre Augen schwarz werden. Ich schiebe das auf die Höhe und die schlechte Sicht. Aber warum bin ich hier? „Du solltest wirklich springen, Linda." Herr Fischer? Ich drehe mich um und sehe meinen Sportlehrer mit Pille in den Händen. Sein Ohr ist wieder an den Kopf genäht. Um seinen Hals ist ein Strick geknüpft.

„Ich will nicht springen!" Verzweifelt versuche ich von der Mauer zu steigen, doch der Boden gleitet immer weiter weg. Jana säuselt in einem befremdlichen Ton: „Oh, Linda. Komm Linda." Sind denn alle verrückt geworden? Plötzlich höre ich Gelächter. Ben und Ramona laufen mir auf der Mauer von beiden Seiten entgegen. Auch Herr Fischer kommt immer näher. Ein Stein löst sich und ich falle.

Mit einem lauten Schrei erwacht Linda. Sie ist nassgeschwitzt. „Oh mein Gott, was hast du gemacht?"

Ihre Mutter steht in der Türe und zieht die Bettdecke weg.

„Seit wann schafft die Prinzessin den Weg zur Toilette nicht mehr?"

Linda blickt an sich herunter. Ein großer Urinfleck hat sich über das Laken ausgebreitet. Sie versucht ihr zerschundenes Gesicht zu verbergen und murmelt:

„Schlecht geträumt."

Ihre Mutter verlässt das Zimmer, um kurz darauf mit frischer Bettwäsche zurückzukommen.

„Du bist ja so erwachsen, dann mach das ordentlich."

Linda hasst ihr Leben.

Am nächsten Morgen geht sie wie gewohnt aus
dem Haus. Aber sie denkt nicht daran, in die Schule
zu gehen. Stattdessen läuft sie in den Park und legt
sich auf die Wiese. Langsam kommt die Sonne raus.
Sie beobachtet die Menschen, die an ihr vorbei gehen.

*Ich hasse es, ständig diese überglücklichen Familien.
Wenn ich erwachsen wäre, dann würde niemand auf mir
herumhacken.*

Ein Marienkäfer läuft über ihren Fuß. Sie holt aus
und schlägt ihn tot.

Ben

Ben kommt zuhause an. Seine Mutter begrüßt ihn mit den Worten:

„Sei leise, sonst flippt dein Vater wieder aus!"

„Ist der Alte wieder besoffen?"

Bens Mutter entgegnet müde:

„Sei nicht so frech!"

Ben schleicht in sein Zimmer. Wieder kommt in ihm, wie so oft, die Wut hoch.

Alter Penner, nur am Saufen!

Er muss diesen aufkommenden Frust an etwas auslassen und so tritt er gegen seinen Schreibtisch. Seine Tischlampe fällt zu Boden, das Glas zerspringt mit einem lauten Klirren. Sofort bekommt er Angst. Ben hofft, dass sein Vater davon nicht aufgewacht ist. Doch er irrt sich.

Mit einem lauten Poltern stößt Bernd die Türe auf. Er kann sich kaum auf den Beinen halten. Sein Unterhemd ist fleckig und die Jogginghose hängt tief. Zwischen den gelben Fingern klemmt eine glimmende Zigarette.

„Was fällt dir ein, du Scheißkerl? Ich schufte den ganzen Tag, damit du was zu fressen hast. Kann ich da vielleicht bitte erwarten, dass du hier verdammt noch mal leise bist?"

Ben weicht zurück. Sein Stiefvater torkelt ihm entgegen. Die Asche fällt zu Boden. Eingeschüchtert murmelt der Junge:

„Tut mir leid, Bernd. Ich wollte gerade Hausaufgaben machen. Dabei bin ich an die Lampe gestoßen. Ich mach das weg und bin leise.“

„Dafür sorg ich schon, du Taugenichts!“ Mit diesen Worten schlägt Bernd dem Jungen hart in den Bauch. Ben knickt zusammen und versucht krampfhaft die aufkommende Übelkeit zu unterdrücken. Seine Mutter drückt sich in das Zimmer und schiebt den betrunkenen Vater aus dem Raum. Ihre Lippen formen ein stilles „Es tut mir leid.“

Bernd stolpert zurück und zieht die Zimmertür von außen mit einem lauten Knall zu. Dabei fällt ein Bild von der Wand. Es zeigt einen glücklichen Jungen, umgeben von hohen Bäumen und vielen Kindern. Ben streicht über das zerbrochene Glas. Vor zwei Wochen ist es kaputt gegangen, als Bernd ihn an die Wand drückte und ihn würgte. Vor einem Jahr im Sommer wurde dieses Foto aufgenommen. Drei Wochen durfte er Ferien in einem Zeltlager machen. Da hatte Bernd noch eine Arbeit in einem Lager. Bier hat er nur zu besonderen Anlässen getrunken. Und niemals zu Hause.

Er erinnert sich daran, wie oft seine Mutter gelacht hatte und Blödsinn mit ihm machte. An die vielen Ausflüge jedes Wochenende.

Dann hatte Bernd einen Unfall.

Seitdem ist er verändert. Jetzt arbeitet er als Nachtwächter einer Spedition. Aus Langeweile und Frust fing er an zu trinken. Auf der Arbeit schon. Bens Mutter veränderte sich auch. Immer wieder hört Ben sie nachts weinen.

Sie fleht: „Bitte nicht.“

Ben lag lange Zeit wach und versuchte sich vorzustellen, was dort im Schlafzimmer los war. Eines Nachts bekam er seine Antwort. Sein Stiefvater hatte den ganzen Abend getrunken. Seine Mutter saß alleine in der Küche und stopfte Zigaretten. Irgendwann ging sie schlafen. Ben wollte auf die Toilette und sah im Vorbeigehen seinen Vater im Wohnzimmer stehen.

Er starrte ihn an und sagte bestimmend:

„Geh ins Bett, sofort!"

Der Junge gehorchte. Er zitterte, als Bernd sich neben ihn legte.

„Das gefällt dir doch, du kleiner Perverser."

Ben schloss die Augen und ließ ihn gewähren.

Ich hasse dich!

Der Junge ist wütend. Warum kann er sich nicht gegen diesen versoffenen Typen wehren? Immerhin ist er bald 15. Linda kommt ihm in den Sinn. Unwillkürlich muss er grinsen.

Die hat aber ganz schön eingesteckt.

Er setzt sich an seinen Schreibtisch und malt einen Mann und ein Mädchen. Dann greift er zu seinem roten Filzstift und hackt solange auf dem Papier, bis die Spitze vollständig zerstört ist.

Hier ist er vielleicht nur ein Spielball für seinen Stiefvater. Aber draußen ist er der Boss. Stolz stellt er sich vor den Spiegel und zupft sein T-Shirt zurecht.

„Jeder bekommt was er verdient.", säuselt er, bevor er sich in sein Bett legt.

Er weiß, dass er heute Nacht wieder aufgesucht wird. Aber es ist ihm egal.

Ben hat einen Plan.

Ramona

Ramona kommt von der Schule nach Hause, geht ins Wohnzimmer und findet einen Zettel ihrer Eltern auf dem Tisch. Sie rollt mit den Augen und murmelt:

"Schon wieder."

Gelangweilt liest sie die Zeilen.

„Wir sind für drei Tage nach Paris geflogen, teil dir die 500€ bitte ein. Gruß, Mama und Papa."

Während sie den Zettel zerknüllt, greift sie zum Telefon und bestellt sich eine große Familienpizza mit extra Käse. Gelangweilt liegt das Mädchen auf dem Sofa und betrachtet ihre Hand. Rot ist sie und etwas dick.

„Blöde Kuh!", schimpft sie laut und tritt gegen den Tisch.

Sie blickt sich in dem Zimmer um. Es sieht aus wie in einem Möbelhaus. Designer Sofa und opulente Lampen stehen auf Teppichen mit Kreisen und Quadraten. Der riesige Fernseher fährt per Knopfdruck aus dem Boden.

„Licht an", sagt sie.

Sofort leuchten alle Birnen in einem warmen Ton. „Musik."

Die Anlage klickt und spielt leise klassische Musik. „Übertragung Bad."

Ramona geht ins Badezimmer und schmeißt ihre Kleidungsstücke in den Wäscheschacht.

Beethovens Klaviersonate ertönt leise aus den Lautsprechern hinter dem Spiegel mit Bewegungssensor. Sie versucht ihn auszutricksen und hopst hin und her. Die Beleuchtung folgt ihr. Ramona lacht. Sie drückt einen kleinen Schalter an der Wand und die Fliesen wechseln ihr Aussehen. Unter ihren Füßen schwimmen wunderschöne Koi-Karpfen. Sie liebt dieses Badezimmer. Manchmal legt sich das Mädchen auf den Boden und starrt diese Animation an. Ob Fische Gefühle haben?

Ihr Opa hatte einmal ein großes Aquarium. Füttern durfte sie die Fische nie, immer wieder erzählte ihr Opa Hans, dass die Tiere ihn ein Vermögen gekostet hatten.

Oma Rosa war ihm nicht so wichtig wie sein Hobby. Als er letztes Jahr im Frühjahr starb, hat sich keiner um die Pflege seiner geliebten Fische gekümmert. Alle sind elendig gestorben. Ramona half ihrer Oma letztendlich, das Wasser abzulassen und das Becken leer zu räumen. Der Gestank war fürchterlich.

Sie fängt an zu würgen und hängt ihren Kopf über die Kloschüssel.

Als nichts mehr hochkommen will, greift sie in eine Box, die sich in ihrem Teil des Spiegelschranks befindet. Ein kleiner, mit Holzschnitzereien verzierter Ast, landet weit hinten in ihrem Rachen. Sie schlägt immer wieder gegen das Zäpfchen und würgt unaufhörlich. Ramona treibt es so lange, bis sie endlich Galle schmeckt.

Sie zieht den Bademantel aus und betrachtet sich in dem Wandspiegel. Ihre Hüften sind immer noch zu breit.

Von wegen, ich bin zu dünn. Oh Mutter, du hast keine Ahnung.

Sie streckt sich die Zunge raus und legt sich in die Badewanne.

Am Nachmittag ruft sie Sina an.

Ramona: „Hey Sina hast du Zeit?"

Sina: „Wieso?"

Ramona: „Ich fühle mich allein, wollen wir was machen?"

Sina: „Was bist du denn für ein Baby, kannst nicht allein sein? Ich bin gerade beschäftigt."

Gerade als Sina auflegen will:

Ramona: „Meine Eltern haben mir 500 € dagelassen."

Sina: „Sag das doch gleich, dann sollten wir jetzt Shoppen gehen, ich bin in 20 Minuten bei dir."

Ramona: „Okay, bis gleich".

Aber Sina hatte schon aufgelegt. Ramona und Sina sind im Einkaufszentrum angekommen.

Sina verhält sich so, als seien die 500 € ihr Geld und kauft sich das dritte Oberteil.

Beiläufig meint Sina:

„Du hast doch nichts dagegen, schließlich bin ich dafür auch deine Freundin."

„Nein natürlich zahle ich das Oberteil, du weißt ja, dass meine Familie reich ist", prahlt Ramona.

„Gut!", lacht Sina,

„Es muss ja einen Grund haben, warum ich extra alles stehen und liegen gelassen habe, um dir Gesellschaft zu leisten."

„Ja Sina, du bist so selbstlos und immer für alle da."

Nach dem Einkauf möchte Ramona nicht wieder allein sein und so fragt sie:

„Hey Sina, kommst du noch mit zu mir, oder ich zu dir?"

Sina windet sich heraus:

„Sorry, aber ich habe jetzt so viel kostbare Zeit mit dir verbracht, ich muss jetzt wirklich los."

„Ja verstehe ich, mir fällt auch grade ein, dass ich noch Termine habe, wo ich hinmuss. Du weißt ja, ohne mich läuft halt nix".

Ramona kommt allein zuhause an und legt sich aufs Sofa und schaut den Rest des Abends allein Fernsehen.

Marlies

„Findest du nicht, dass es zu extrem ist?"

Marlies blickt aus dem Fenster und beobachtet den Flügel der Cessna. Kai nimmt ihre Hand und drückt sie liebevoll.

„Schatz, es ist das Beste für uns alle."

Seine Frau nickt. Er hat recht. Seit Wochen kennt sie ihre eigene Tochter nicht mehr.

Ramona ist zickig, launisch und kommt immer später nach Hause. Vor einigen Tagen fand Marlies unter ihrem Bett Gefäße mit Erbrochenen. Als sie daran denkt, laufen ihr die Tränen über das Gesicht.

„Sie hat doch wirklich alles. Ich verstehe das nicht. Was will sie denn noch?" Kai gibt ihr ein Taschentuch. „Das gilt es herauszufinden.

Er gibt ihr einen Kuss auf die Stirn.

„Du wirst dich damit nicht plagen. Du musst jetzt für den kleinen Kai da drin stark sein." Sie streicht über die kleine Rundung an ihrem Bauch.

„Ja, das werde ich." Nach zwei Stunden erreichen sie ihr Ziel. Ihr Flugzeug landet in einem großen Garten der Anstalt. Während sie durch den Park in Richtung Eingang gehen, bewundert Marlies die weißen, stattlichen und wunderschönen Figuren.

„Traumhaft hier. Schau mal, diese Blütenpracht!" Ganz nah ist sie einem Herzen aus Rosen und Wicken. Der Duft ist betörend.

„Willkommen, die Herrschaften Barrel!"

Ein hektisch winkendes Elton John Double läuft mit großen Schritten auf sie zu. Marlies lächelt.

„Wie er läuft!", denkt sie.

Auch Kai ist amüsiert. Pierre ist ein Geschäftspartner und auch ein wichtiger Kunde für die Firma. Erst vor einem halben Jahr hat Kai einen Millionendeal an Land gezogen. Die Wunschsumme wurde nicht erreicht, dafür versprach ihm Pierre, seine Kurstätte zur Verfügung zu stellen, wenn es nötig wäre.

Nachdem Marlies die Behältnisse mit Erbrochenen unter dem Bett der Tochter fand, beschlossen sie, dass es Zeit wäre, durchzugreifen. Pierre war sofort einverstanden Ramona für die Dauer von 16 Monaten bei sich aufzunehmen.

Beim gemeinsamen Abendessen erzählen die Barrels, wie es ihnen derzeit mit ihrer Tochter ergeht.

„Sie hat alles. Wir wissen schon gar nicht mehr, was wir ihr zum Geburtstag schenken sollen."

Marlies hebt müde die Schultern.

„Ich kann das einfach nicht mehr. Ich habe keine Freude mehr in meinem Leben. Den ganzen Tag geht es um sie und ihre Bedürfnisse. Friseur, Maniküre, Pediküre. Wir gehen jeden Dienstag und Donnerstag für vier Stunden in den Wellness-Tempel. Massage, Sauna und Aquajogging. Montags und mittwochs war sie bei Pascha und Inke."

Kai unterbricht seine Frau und fügt hinzu:

„Weil sie wusste, dass es kein Taschengeld gibt, wenn sie sich nicht um ihre Pferde kümmert.

Es kostete mich jeden Monat 2500 €. Nur damit die Tiere da sind, wenn sie es wollte. Das geht so nicht!"

„Nein, das geht so nicht", murmelt Marlies leise. Pierre verschränkt seine Arme vor der Brust.

„Sie haben die richtige Entscheidung getroffen. Schade um die Tiere. Sie waren leider zu alt, um neue

Besitzer zu finden. Wenn sie zu uns stößt, kann sie sich um die Pferde nicht mehr kümmern. Weiß Ramona schon, dass sie nicht mehr da sind?"

Kai schüttelt den Kopf.

„Wir werden es ihr sagen, wenn sie hier ist."

Pierre zeigt ihnen die Einrichtung. Hier fehlt es an nichts.

„Vielleicht gefällt ihr Tennis oder sie will in unser Schwimmteam. In der Bibliothek haben wir über 375.000 Bücher. Jedes Mädchen trägt die gleiche Uniform. Wir sprechen Französisch und Englisch. Sie wird es hier lieben."

Das Ehepaar bedankt sich und fährt mit dem Taxi in das Hotel.

„Sie ist wirklich undankbar", bemerkt Kai am späten Abend.

Marlies nickt und cremt ihren Bauch ein. Sie ist im fünften Monat mit einem Jungen schwanger. Mit ihren 37 Jahren zählt sie zur Gruppe der Risiko-Schwangeren.

„Nein, das kann ich wirklich nicht gebrauchen." Marlies legt sich ins Bett, zieht die Decke über die Nase und sagt energisch:

„Ich will auch leben. Und nicht nach der Pfeife einer Teenie-Prinzessin tanzen!"

Sina

Am Abend kommt Sina nach Hause und hat die Einkaufstasche mit den Sachen, die Ramona für sie gekauft hat, in der Hand. Sie schließt die Wohnungstür auf.

Ihre Mutter sieht sie und sofort brüllt ihre Mutter sie an: „Hast du geklaut!?"

„Nein Mama, die Sachen habe ich geschenkt bekommen!"

Sinas Mutter, außer sich vor Wut, schnappt sich die Sachen und wühlt in der Tasche herum.

Sie findet die Quittungen:

„Das bringst du alles Morgen zurück und du sagst mir jetzt, wer dir das bezahlt hat! Hattest du Sex dafür!? Oh was habe ich nur bei dir falsch gemacht!"

Ihre Mutter ist am Verzweifeln.

„Nein Mama, ich hatte dafür keinen Sex, ich bin doch keine Nutte. Ramona hat mir die Sachen bezahlt, weil ich so eine gute Freundin bin."

Sinas Mutter glaubt ihr kein Wort:

„Bring die Sachen Morgen zurück und gib ihr das Geld. Ich will nicht das diese Möchtegern-Reichen auf uns herabschauen!"

Sina geht in ihr kleines Zimmer und setzt sich auf ihr Bett.

Boah, ich will die schönen Sachen nicht zurückgeben, dafür habe ich den ganzen Nachmittag mit der Schlampe verbringen müssen.

Sie nimmt die Sachen und versteckt sie in ihrem Kleiderschrank in einem Karton, der ganz hinten in der Ecke steht. In dem Karton sind noch mehr Markensachen drin. Das meiste davon hat sie geklaut.

Ich muss ja Klamotten klauen, ich trage doch nicht diese schäbigen Fetzen aus den Billigläden, ich bin mehr Wert.

Sie kann es nicht abwarten und zieht die neuen Sachen an. Sie steht vor dem Spiegel und dreht sich.

Ja so muss man angezogen sein, so bin ich was wert.

Sinas Mutter pennt morgens immer sehr lange und so bekommt sie nie mit, was Sina morgens trägt.

Yusuf

„Hattest du einen guten Tag?"

Alma steht in der Küche und bereitet das Abendessen zu. Yusuf schaut von seinem Handy auf und murmelt: „Ging so."

„Du lernst nicht für mich, sondern für dich."

Yusuf geht an den Kühlschrank und nimmt sich eine Cola. Er gibt seiner Mutter einen Kuss auf die Stirn.

„Das weiß ich doch, Mama."

Im Wohnzimmer sitzt sein kleiner Bruder Hammit.

„Kollege, Bock auf Fifa?"

Ohne die Antwort abzuwarten, teilt Yusuf die Karten aus.

„Das war heute eine krasse Aktion", bemerkt Hammit. Sein großer Bruder zuckt mit den Schultern.

„Was soll ich machen? Wenn nicht Linda, dann vielleicht ich. Du weißt wie Ben drauf ist. Ich lass mich nicht zum Prellbock der Klasse machen!"

Hammit drückt hektisch die Knöpfe seines Controllers und spricht: „Und dem, der eine gute Tat begeht, verschönern wir sie noch. Wahrlich, Allah ist allverzeihend, dankbar."

Yusuf gibt seinem kleinen Bruder eine Kopfnuss. „Nerv mich nicht mit dem Koran, Alter."

Sie lachen und balgen sich auf dem Boden. Aus der Küche ruft ihre Mutter zum Essen. Ihr Vater ist im Kulturzentrum und schaut Fußball.

„Wann ist Mustafa wieder da?"

Yusuf vermisst seinen Sport. Seit fast 4 Monaten gibt es keinen Trainer mehr. Mustafa hatte einen Unfall mit dem Auto und musste lange im Krankenhaus bleiben. In dieser Zeit freundete sich der Junge mit Ben an. Die Brüder gingen auf eine andere Schule, verbrachten die Nachmittage aber dennoch mit der Bande. Aus Langeweile. Auch Hammit vermisst es, zu trainieren und zu den Spielen zu fahren.

„Es dauert noch bis nach Ramadan", antwortet Alma.

Yusuf verdreht die Augen.

„Ich kapier einfach nicht, warum das kein anderer machen kann."

Nach dem Essen legt er sich auf sein Bett und schmeißt einen Fußball in die Luft.

Ich hasse meine neue Schule. Ich kann die Kids da nicht leiden und vor allem kann ich Ben nicht leiden.

Mit jedem Gedanken wirft er den Ball höher und fester.

Scheißkerl!

Der Fußball knallt gegen die Decke und landet auf einem Regal. Mit lautem Gepolter fällt es zusammen und begräbt den Jungen unter Büchern und allerlei Krimskrams. Yusuf ist wütend. Auf Ben und Ramona, weil sie so sind wie sie sind. Auf die anderen in seiner neuen Klasse, weil keiner so viel Mumm hat, sich gegen die beiden zu stellen.

Vor allem aber auf sich selbst. Weil er zu feige ist, genau das zu tun.

Ich werde es dem Rektor sagen.

Das beschließt er und legt sich schlafen, nachdem er sein Bett freigeräumt hat.

Jana

„Ich bin wieder da!"

Jana rennt in ihr Zimmer und macht den Rechner an. Sofort öffnet sie Instagram und checkt den Status ihrer Abonnenten. Sie eilt ins Badezimmer und schminkt sich für einen ihrer weiteren Auftritte. Jana hat einen Kanal, auf welchem sie die neusten Bücher vorstellt. Bald sind es 2000 Follower!

Sie kramt aus ihrer Tasche das eben gekaufte Buch und liest den Klappentext.

„Langweilig", denkt sie und googelt nach Rezensionen und Kurzinhalten.

Lesen wird sie es sicher nicht, aber auf jeden Fall werden alle denken, sie hätte es getan. Sie grinst.

„Kommst du nicht essen?"

Ihre Mutter schreit die Treppen hoch.

„Ich komme gleich!", brüllt Jana genervt zurück.

Früher hatte sie noch mit Linda einen gemeinsamen Kanal. Readbunnies haben sie sich genannt. Über 6000 Leute haben sich angesehen, was die beiden posteten. Linda war richtig gut darin, zu erzählen und vor der Kamera zu posen. Beinahe täglich waren die beiden Mädchen zusammen. Seit dem Kindergarten. Jana erinnert sich an Pille, ihren Teddy, den sie Linda geschenkt hat, als sie sich im Krankenhaus die Mandeln rausnehmen lassen musste. Nach dem Essen setzt sie sich vor die Cam und geht live.

Sie erzählt ihren Zuschauern, wie eindrucksvoll und liebevoll die Autorin über einen Hasen mit Namen Hooligan schreibt.

Was für ein blöder Name für einen dämlichen Hasen.

Die Autorin hat sie angeschrieben und darum gebeten, Werbung für sie zu machen. 200€ bekommt sie für diese fette Lüge.

Jana wird nachdenklich. Sie beendet die Übertragung und holt ein Fotoalbum aus ihrem Regal.

„Ich und Du und für immer wir", liest sie laut. Seit zwei Monaten gibt es dieses „wir" nicht mehr.

Linda hat den Bogen überspannt. Der war meiner!

Jana nimmt ein Foto aus dem Album und schaut es genauer an. Es zeigt die Freundinnen an einem See. Im Hintergrund hält ein Junge seinen Mittelfinger ins Bild. *Jonas.* Das Mädchen rollt sich auf die Seite und betrachtet traurig das Foto. Seit sie ihn das erste Mal gesehen hat, war sie verliebt. Sie hat sich nur nie getraut, etwas zu sagen.

Jetzt ist er für immer weg und du bist schuld.

Trotzig reißt sie das Bild in zwei Hälften.

„Ramona hat angerufen."

Ihre Mutter steht plötzlich in der Türe: „Du sollst um 18 Uhr bei der Bank sein, soll ich dir sagen."

Jana macht einen Kapitänsgruß und erwidert: „Aye aye, Kapitän. Ich werde um 18 Uhr anlegen."

Sie kichert.

Ihre Mutter kneift ihr in die Wade.

„Um 20 Uhr bist du aber wieder da."

Jana nickt und fängt an sich für das Treffen fertigzumachen.

Was es wohl wieder Wichtiges gibt?

Sie hängt nicht gerne mit Ramona rum. Ramona findet weder Bücher toll, noch ist sie ein Fan von Instagram. Und sie hat eine sehr anstrengende Art. Ständig muss es nach ihrer Nase gehen. Und wenn nicht, dann ist sie beleidigt und unerträglich. Jana überlegt fieberhaft, wie es angefangen hat, dass Ben und Ramona sich so auf Linda eingeschossen haben.

„Ich frag heute einfach", denkt sie und macht sich auf den Weg.

Von Weitem schon sieht sie die Clique bei der Bank im Park stehen. Ihrer Bank. Jeder von ihnen hat seinen Namen in das Holz geritzt. Wenn die Gruppe auf der Wiese sitzt und sich jemand draufsetzen will, gibt es ein Getöse und Geschreie.

Es wird gepöbelt und beleidigt und nicht selten auch mal geschubst oder etwas weggenommen. Jeder im Park und im angrenzenden Viertel soll wissen, dass diese Bank Ramona gehört.

„Krasse Freaknella", kommt ihr in den Sinn. Jana setzt ihr „Beste Freundin-Lächeln" auf und rennt mit weit aufgerissenen Armen auf Ramona zu.

„Küsschen und Knutscherchen!"

Gleichzeitig rufen sie ihren Schlachtruf bevor sie sich in den Armen liegen und einen dicken Knutscher auf den Mund geben.

„Mmh lecker, Wodka-Bull!", bemerkt Jana und nimmt auf der Bank Platz.

Ivonne reicht ihr eine Dose.

„Was geht ab, warum sind wir hier?"

Ramona versucht geradezustehen, aber es gelingt ihr nicht. Torkelnd und mit erhobenem Zeigefinger kommt sie auf Jana zu.

„Meine Güte, bist du zu!", lacht diese.

Die ist nur am Saufen.

„Finale!"

Jana versteht nicht, was sie meint.

Ivonne ergänzt:

„Heut ist der Tag der Tage. Die Tussi wird sich wünschen, niemals diese Erde betreten zu haben."

„Genau!" lallt Ramona.

„Und du bist der wichtigste Part dabei. Sozusagen der Star!"

Die Clique bricht in schallendes Gelächter aus. Jana hat ein ungutes Gefühl, aber schweigt. Ihr Vorhaben, den Grund für diese Gemeinheiten zu erfragen, legt sie erst einmal auf Eis.

Hans-Werner

„Ich fahre jetzt seit 40 Jahren Bus. Aber so etwas ist mir noch nicht unter die Augen gekommen. Es wird doch immer schlimmer mit der Jugend. Die Zukunft von Morgen, dass ich nicht lache. Gib denen doch mal eine Schaufel in die Hand. Eher täten die sich gegenseitig totschlagen und begraben, ehe sie überlegen würden, für was dieses Ding eigentlich gut ist. Es läuft ja auch wirklich viel falsch bei den Eltern. Zwischen Hartz und Dauermutterschutz kriechen da zwischen Bier und Tausenden von kläffenden Kötern die Kids im Biene Maja Schlafanzug auf dem dreckigen Boden rum. Ne, was könnte ich erzählen! Einmal, da habe ich ungefähr sechs Wochen ein neues Kind bekommen. Die sind aus Wedding zugezogen. Haben das Haus von der Traudel vom Stadtrat bekommen. Weil sie das achte Kind erwarten. Und Windeln für drei Jahre. Meine Sina, die ist jetzt 21. Hier, der Marcel, der Lump, der hat ihr einen Braten in den Ofen geschoben und ist auf und davon, bevor er sich die Finger verbrennen konnte. Hat jetzt der Trümmer-Lotte Zwillinge verpasst. Na, auf jeden Fall saß die Sina mit der Kleinen und nichts zum Essen und zum Trinken bei mir. Bitterlich geweint hat sie. Sagen die vom Amt, weil sie noch Schule macht, muss sie das Geld von mir holen. Klagen soll sie. Meine geschiedene Frau, die hat mich schon ausgenommen. Macht einen auf „psychisch gestört". Das Liebchen kann nicht arbeiten. Ich mit meinem Zwölfer jeden Monat. Griff ins Klo. Zwölf mit zwei Nullen, verstehst du?

Jeden Morgen um halb fünf fang ich an. Und vor sieben bin ich nicht zu Hause. Und davon muss ich auch noch den

Kredit für eine neue Nachschulung beim Amt bezahlen. Ich müsse jetzt jährlich meine Augen kontrollieren lassen. Und wer soll das bezahlen? Und Sina jammert und ist verzweifelt. Kein Geld bekommt sie! Schicken eine junge Mutter mit Baby nach Hause! Dann kommt diese Schickse aus Wedding, die seit zehn Jahren nur Schichtarbeit in der Kiste betreibt und der gibt man ein Haus. Und was sind die Nachbarn am Schimpfen. Der Egon, der wohnt gegenüber. Der kann das Volk bald nicht mehr sehen. Die brüllt von morgens bis abends. Dann brüllen die Kinder die Tonleiter hoch und runter und als wäre das nicht genug, kläfft diese Ratte an der Leine sich die Gedärme raus. Fido ist nicht mehr. Der hat sich mit einem Rasenmäher angelegt. Schöne Sauerei war das bei dem Wolfgang im Garten. Die Polizei haben die dem ins Haus geschickt. Behaupten, er hat den Hund absichtlich unter die Räder kommen lassen. Ging nach hinten los. Sie hätten auf den aufpassen müssen. Es gab schon eine Auflage. Wegen dem kleinen Phillip. Der ist nämlich von dem Fido in die Backe gebissen worden. Auf jeden Fall hatte ich den Luca mit auf Tour. Sollte in eine andere Schule. Feines Kerlchen. Ich glaube, das war der Einzige, der was aus sich machen wollte. Die anderen gammeln den ganzen Tag und zocken an diesen Daddelgeräten. Und immer die neuesten Handys. Ich brauche diesen ganzen Schnickschnack nicht. Mir reicht es, wenn ich weiß, wo ich drücken muss, um der Irmi zu sagen, dass ich zu besoffen bin, um nach Hause zu fahren. Das findet sie nicht immer lustig. Und am wenigsten, wenn sie meint, über Nacht ihre Wickler im Haar lassen zu müssen. Das solltet ihr mal sehen, wie die dann angerast kommt.

Die fängt schon im Nachthemd an zu brüllen und hört erst wieder auf, wenn sie drei Tage später Besuch von ihren Strick-Damen bekommt. Ich hör das alles schon gar nicht mehr. Links rein und raus gehts rechts. Eines Morgens kam der Luca ganz komisch an. Er sah wirklich schlecht aus. Sonst ist er hinter mir gesessen und hat immer das Haltesignal gedrückt. Wirklich ein feiner Kerl. An der Schule wollte er nicht aussteigen. Ich habe mich kurz zu ihm gesetzt. Wir haben ja schon das ein und andere Mal miteinander geredet. Der wusste wirklich was er wollte. Luca hat mir erzählt, dass seine Mutter nicht so gut drauf ist. Die Kinder nerven sie. Die Kohle vom Amt reicht hinten und vorne nicht. Ständig müsse sie ihrem Ältesten bessere Klamotten kaufen. Immerhin muss so eine Hose oder ein Shirt acht Generationen lang aufgetragen werden. Die gehen weder zur Tafel, noch wollen die Kleiderspenden. Alles über 5€ ist gut für die Familie. Wenn man dann mit dem Geld frei verfügen darf. Alkohol und Kippen. Wir sitzen also auf dem Boden vor meinem Bus und reden. Das haben wir täglich gemacht. Irgendwann kam er nicht mehr zum Bus. Und obwohl so viele aus seiner Klasse mitfahren, hatten die keine Ahnung, wo er war und warum er nicht zur Schule kam. Aufgehängt hat sich der Junge. Weil er keine Freunde hatte. Im Gegenteil, er war immer der Außenseiter. Traurig, dass wegen so einem Hintergrund so was passiert. Zuhause hat er auch immer nur draufbekommen. Irgendwann konnte er nicht mehr. Ich bin mit Irmi zur Beerdigung. Muss verdammt schwer sein seine Kinder ordentlich anzuziehen, wenn der eigene Sohn und der Bruder wie Abfall verscharrt werden. Die konnten kaum erwarten, bis Pfarrer Anton fertig war. Irmi hat noch eine Karte abgeben wollen, da sagt die doch tatsächlich wir können gerne Geld spenden, aber ein Stück Papier bringt kein Brot auf den Tisch. Ob wir denn wissen, was so eine Beerdigung kostet! Also ehrlich, bei so was könnte ich ausrasten." Jürgen gießt seinem Freund noch ein Bier ein. Seit zwei Stunden sitzt Hans-

Werner nun schon in der Kneipe und ist nicht mundtot zu bekommen. „Du konntest ihm nicht helfen. Dafür kanntest du ihn zu wenig." Peter faltet einen Bierdeckel zusammen. Der Busfahrer bekommt glasige Augen. „Er war wirklich ein guter Junge. Das hat er nicht verdient. Er hatte doch sein ganzes Leben vor sich! Warum hat er nichts gesagt?" „Ich kenne das", wirft Jürgen in die Runde, „Hier sitzen ständig Menschen, die sich beklagen, wie schlecht es ihnen ergeht. Dass der Chef ein Idiot ist und die Kollegen einen nicht leiden können, dass die Frau zu einer Furie mutiert ist, dass die Kinder mehr als das veranschlagte Eigenheim kosten und dass sie keine Lust mehr hätten zu leben. Wenn ich nun bei jedem gleich in der Klapse anrufe, dann kann ich meinen Laden zu machen, dann kommt keiner mehr. Und bei mir ist jeder wieder an den Tresen gekommen. Auch wenn man mir am Vorabend noch erzählt hat, wie man sich das Hirn wegschießen wolle." Jürgen spült Gläser und wartet auf den Feierabend. Hans-Werner nimmt einen großen Schluck aus seinem Glas. „Da gibt es so eine Kleine, ich glaube sie heißt Linda. Der spielen sie wirklich übel mit. Ich wollte die Jungs heute aus dem Bus schmeißen, aber das Kind hat so eine große Angst vor ihnen. Sie hat mich angefleht die Kids, die Bande von Taugenichtsen, nicht vor dir Tür zu setzen. Mit nassen und blutigen Anziehsachen ist sie heute nach Hause gefahren. Ein anderes Mädchen hat ihr einen Kaugummi ins Haar geklebt. Ich konnte nichts machen, die Stadt war zu, heute Mittag. Meine Verspätungen wollten ja schließlich aufgeholt werden."

Hans-Werner greift zu seinem alten Handy und ruft seine Frau an. Trotz seines Frusts und seines Unmuts muss er lächeln.

„Sie schreit schon wieder," erklärt er in die Runde.

Zuhause angekommen liegt er noch lange wach. Ich weiß nicht einmal, wem ich erzählen soll, was passiert ist. Er beschließt, sich am nächsten Tag zu informieren.

Herr Fischer

Herr Fischer liebt seinen Beruf. Er ist gerade mit dem Studium fertig. Eigentlich unterrichtet er Mathe und Physik. Sport gehört zwar auch zu seinen Leistungsfächern, aber in letzter Zeit hat er keine Freude daran. Seit einigen Wochen ist er die Krankheitsvertretung von Frau Welde. Josie. Er schließt die Augen und versucht sich, seine junge Kollegin ins Gedächtnis zurückzuholen.

Leider endet seine Vorstellung immer an ihrem viel zu runden Zwillingsbauch. Volker, der Sportlehrer der Jungs, macht einen auf Burn-out.

Also hat Rektor Hübner angeordnet:

„Matze Fischer wird von heute an die Jungs und Mädchen gemeinsam unterrichten."

Er hätte wenigstens mal fragen können.

Matze ist frustriert.

„Hey Kollege. Warte mal kurz."

Auch das noch!

Georg vom Religionsunterricht rennt ihm entgegen.

„Na, wie läuft es mit der 8a?"

Matze formt seine Finger zu einem Ghettozeichen und sagt:

„I'm still not sure why you did it, though. You did it, though."

Dabei bewegt er sich wie ein Gangster, der eine Waffe in der Hand hält. Georg bleibt stehen.

„Und in meiner Muttersprache?"

„Obwohl ich noch immer nicht weiß, wieso Sie es getan haben", er richtet seine Hand, wie zum Schuss bereit, auf seinen Kollegen, „aber Sie haben es getan."
Georg runzelt die Stirn.

„Das macht für mich keinen Sinn. Sie, im Sinne von Sie, Herr Von und Zu, oder Sie im Sinne von die alle?"
Matze rollt mit den Augen.

„Sie im Sinne von Sie, Herr von und Zu, haben es getan.

„Ach so, verstehe!"
Georg nickt wie selbstverständlich.
Nichts hast du verstanden, du Esspapier-Fetischist!
Sie laufen noch ein kleines Stück gemeinsam.

„Ich habe jetzt zwei Freistunden. Werde mal den Unterrichtsplan für morgen machen."

Matze hat wirklich keine Lust noch weiter mit Georg zusammen zu laufen. Eilig verabschiedet er sich und geht in die Bibliothek. Hier kann er in Ruhe einen Plan aufstellen.

Der Lehrer setzt sich an einen Tisch und fängt an, die nächsten Stunden auf dem Papier zu gestalten. Der Vorfall mit Linda kommt ihm in den Sinn. Ob es dem Kind gut geht? Immerhin hat die Nase stark geblutet.

Vielleicht hätte ich sie doch ins Krankenzimmer schicken sollen.

Er kramt sein Notizbuch heraus und schreibt in großen roten Buchstaben: „LINDA?"

Wenn er sie sieht, wird Matze sie nach ihrem Befinden fragen.

„Der haben wir es aber gezeigt!"

Der Lehrer blickt auf und sieht in Richtung der Regale. Ramona und Ivonne stehen zusammen und tuscheln.

„Psst, nicht das uns noch jemand hört!"

Ivonne blickt sich um.

Herr Fischer erinnert sich an den gestrigen Unterricht mit diesen Schülerinnen. Irgendwie haben sie allesamt dem Mädchen zugesetzt. Armes Ding.

Noch einmal öffnet er sein Notizbuch und schreibt: „KLASSE / GESPRÄCH!"

Er unterstreicht die zwei Worte mit seinem Marker. Er wird über diese Stunde mit der Klasse reden.

Wahrscheinlich war es doch Absicht, dass Ben den Ball in Lindas Gesicht geworfen hat.

Monika

„Als alleinerziehende Mutter hat man es nicht leicht. Ich muss jeden Morgen früh aus dem Haus und komme spät abends wieder. Meistens schläft Linda schon. Wenn ich nicht zu müde bin, dann bereite ich ihr noch das Frühstück für die Schule. Wir unterhalten uns schon lange nicht mehr. In letzter Zeit fragt sie immer wieder nach Michael. Meinem Ex-Mann. Wir haben uns getrennt, als Linda noch sehr klein war. Michael ist ein Säufer und Taugenichts. Nicht einmal den Unterhalt kann er pünktlich zahlen. Ich möchte nicht, dass meine Tochter Kontakt mit ihm hat."

Monika blickt in die Runde. Die Frauen der Leserunde nicken. Seit einiger Zeit besucht sie diesen Kurs. Monika möchte etwas mehr sehen vom Leben als Arbeit und Tochter.

„Sie ist jetzt auch in einem schwierigen Alter, oder?"

Elif legt ein Buch aus den Händen. Sie greift nach Monikas Händen und drückt sie ganz fest. Lindas Mutter nickt und Tränen laufen ihr über das Gesicht.

„Ja, nichts kann ich ihr recht machen. Ich wasche ihre Wäsche, versorge sie, sie hat soweit alles. Natürlich nicht das Beste und Neuste, aber trotzdem sollte sie sich nicht immer beklagen. Ich weiß gar nichts mehr von ihr. Gestern habe ich Blut im Badezimmer gefunden. Keine Ahnung, was sie dort angestellt hat!" Monika wischt sich die Tränen weg.

„Genug, lasst uns lesen!" Sie schlägt eine Seite auf und beginnt mit ruhiger, bestimmter Stimme das Buch vorzutragen. Später am Abend öffnet sie die Tür zu dem Zimmer ihrer Tochter. Wie immer schläft sie schon. Sie tritt an ihr Bett.

Wo bist du, mein kleines Mädchen. Ich vermisse dich.

Sie gibt Linda einen Kuss. Ihr fällt auf, dass Pille, der Teddybär nicht in ihren Armen liegt. Monika schaut sich im Zimmer um, kann ihn aber nicht finden. Sie wird morgen nachsehen, wenn Linda in der Schule ist.

Im Wohnzimmer setzt sie sich mit einer Tasse Tee auf das Sofa und startet den Videorekorder. Ein lachendes, quietschendes kleines Mädchen albert vor der Kamera und brabbelt unverständliches Zeug. Jana kommt ins Bild und küsst ihre Kleine.

Die habe ich hier auch schon lange nicht mehr gesehen.

Seit Monika denken kann, sind die beiden Freundinnen unzertrennlich gewesen. Janas Mutter hatte einen tollen Job als Chefsekretärin bekommen und bat Monika, sich tagsüber um ihre Tochter zu kümmern.

Zu dieser Zeit lebte Arno noch bei ihnen, eine kurze, aber sehr intensive Beziehung. Arno war toll. Er spielte viel mit Linda und Jana, räumte auf, kümmerte sich und trug Monika auf Händen. Sie spult den Film vor. *Arno.* Liebevoll wiederholt sie in Gedanken immer wieder seinen Namen. Traurig geht sie an den Schrank und kramt einen Zeitungsausschnitt aus einem Stapel Papiere. 36 Jahre alter Mann stirbt bei Motorrad-Unfall. Vier Jahre war das nun her. Mit einem Mal war sie auf sich alleine gestellt und musste für sich und Linda sorgen. Monika legt sich auf das Sofa und weint sich in den Schlaf.

Der Angriff

Ramona und ihre Gang machen sich auf den Weg. Ihr Ziel ist das Haus, in dem Linda wohnt. Die Anführerin kann sich kaum auf den Beinen halten. Sie hat so viel getrunken, dass Ivonne sie stützen muss.

„Und welche Rolle spiele ich jetzt?"

Jana ist verunsichert.

Ich fühle mich unwohl. Was haben die vor?

Sie macht sich Sorgen, dass jetzt etwas passiert, das eventuell ausufern könnte.

„Du bist der Köder, du Dummchen!"

Ramona lacht und torkelt in Janas Arme. Die Gruppe bricht in schallendes Gelächter aus. In der Ferne sehen sie Ben und seine Jungs stehen.

„Nicht die auch noch", denkt Jana.

Die beiden Banden fallen sich in die Arme und stoßen gemeinsam an. „Auf einen erfolgreichen Abend!" Ben hebt die Flasche mit Hochprozentigem und trinkt sie vollständig aus. Nachdem sein Vater von ihm abgelassen hat, duschte er sich und stieg aus dem Fenster. Er ist voller Wut.

„Heut gibt es Saures, Leute!"

Er schmeißt seinen Rucksack auf den Boden und holt Gürtel und Seile hervor. Ungläubig starrt Yusuf auf den Berg.

Der ist völlig verrückt geworden! Jetzt spinnt er total. Ich sollte dem ein Ende setzen.

Mutig stellt sich der Junge vor Ben und sagt:

„Das geht zu weit, was auch immer du vorhast, das wird nicht gut ausgehen!"

Ben schubst ihn lachend zur Seite.

„Willst du, dass wir dich fesseln, du Kümmel?" Ramona nähert sich ihm mit einer Fahne.

„Genau, du Kümmel-Döner. Willst du? Dann sparen wir uns den Weg und spielen mit dir."

Yusuf schüttelt den Kopf und hilft Ben, die Seile wieder im Rucksack zu verstauen.

„Ach was, lass uns gehen."

Jana hat sich an das Ende der Gruppe geheftet.

Sie schreibt eine SMS an Linda: EGAL WAS IST! MACH NICHT AUF!

Ich hoffe, sie liest die Nachricht, bevor wir da sind. Das wird böse enden!

Je näher sie dem Haus kommen, desto ruhiger wird die Gruppe. Mittlerweile ist beinahe jeder betrunken. Ben und Ramona führen den Trupp an und flüstern miteinander. Yusuf läuft neben Jana.

„Ich finde das echt scheiße!", flüstert er leise.

Das Mädchen nickt zustimmend.

„Keine Ahnung, was ich dabei soll."

Es ist weit nach Mitternacht, als sie unter Lindas Fenster stehen.

„Geh, hol sie raus!" Barsch richtet sich Ramona an Jana.

„Wozu?"

Jana möchte nicht. Sie blickt heimlich auf ihr Handy, um zu sehen, ob die Nachricht ihren Empfänger erreicht hat.

Angekommen ist sie. Aber gelesen wurde sie noch nicht. Ben eilt auf sie zu und sagt bestimmend:

„Weil Ramona gesagt hat, du sollst sie holen!"

Zögernd geht Jana auf die Haustüre zu.

Sicher schläft Linda schon.

Sie verharrt eine Weile, ohne zu läuten und eilt zurück zu der Gruppe.

„Sie macht nicht auf."

Jana hofft, dass es damit getan sei, doch Ramona reißt das Mädchen zu Boden.

„Dann müssen wir dafür sorgen, dass sie aufmacht."

Sie zieht Jana an den Haaren in ein Gebüsch und tritt auf sie ein. Sie kann nicht klar denken. Versteht nicht, was gerade passiert. Ben holt aus und schlägt ihr mit aller Kraft ins Gesicht. Die Gruppe johlt und feuert die beiden an. Wie von Sinnen treten und schlagen sie ohne Unterlass auf Jana ein.

Yusuf steht abseits und überlegt, was er tun soll. Jana wimmert und weint. Mit jedem Schlag, der auf sie prasst, wird sie schwächer. Irgendwann lassen die beiden ab und ziehen davon. Ihre Gang folgt ihnen. Yusuf will Jana aufhelfen, schon schreit Ben:

„Lass das, oder du bist dran!"

Mit einem „Entschuldigung" auf den Lippen rennt er den anderen hinterher.

Ivonne beugt sich runter zu dem am Boden liegenden Mädchen und sagt:

„Tut uns leid, aber nur so ist es glaubhaft. Du wirst sie auf deine Seite bringen. In ein paar Tagen hast du sie sicher so weit, dass sie dir wieder vertraut."

Jana ist übel. Ihr Kopf tut weh und sie schmeckt Blut. Was war eben geschehen? Sie rappelt sich auf und humpelt nach Hause. Sie sieht auf ihr Handy. Gelesen. Jana ist wütend. Wieder hat sie einstecken müssen. Zu Hause angekommen stellt sie sich unter die heiße Dusche.

Sie wird mir doch nie vertrauen. Nach allem.

Jana nimmt zwei Aspirin und legt sich schlafen. Sie wird es einfach versuchen. Noch einmal möchte sie nicht der Bande ausgeliefert sein.

Annäherung

„Guten Morgen Linda."

Jana steht vor der Türe mit einer großen Sonnenbrille auf der Nase. Ungläubig nimmt ihr Linda die Brille ab.

„Lieber Himmel, wie siehst du denn aus?"

Erschrocken weicht das Mädchen zurück. Jana drückt sich durch die Türe und nimmt in der Küche Platz.

„Ist deine Mutter nicht da?"

„Nein, die ist schon los, arbeiten." Linda schenkt zwei Tassen Kaffee ein und setzt sich zu ihrer ehemaligen besten Freundin.

„Ramona und Ben", sagt diese und zeigt auf ihr Gesicht.

„Wegen dir, also weil ich gesagt habe, die sollen dich mal in Ruhe lassen. Aber das werden sie jetzt."

Ich kann nur hoffen, dass sie mir glaubt. Die beiden Verrückten haben mir gestern Nacht noch eine Videonachricht geschickt. Ben hat Ramona verprügelt und Yusuf hat Ben verkloppt. Die sehen so schlimm aus, wie ich. Damit es echt wirkt, meinte Ramona. Jana rührt in ihrem Kaffee und flüstert: „Die haben ganz schön eingesteckt. Ich habe gut ausgeteilt."

Linda schüttelt den Kopf.

„Du hast einen Knall."

„Ach was, lass uns los. Wir kommen zu spät."

Sie greift nach Lindas Schultasche und eilt aus der Tür.

„Der Bus ist gleich da!" Linda folgt ihr.

Sie steigen in den Bus ein. Heute greift sie niemand an. Im Gegenteil, es scheint, als würden sie sie meiden. Jana reckt sich und streckt stolz ihre Brust raus.

„Siehst du, jetzt hast du deine Ruhe. Ich bin dein persönlicher Bodyguard."

Linda lehnt sich zurück und schließt die Augen.

Kann es denn wirklich wahr sein?

Jana sitzt im Unterricht wieder neben ihr. Auch in der Pause weicht sie nicht von der Seite des Mädchens. Zum ersten Mal seit Langem fühlt sich die Schülerin sicher. Niemand pöbelt sie an, niemand greift sie an. Weder körperlich noch verbal. Sie genießt diese neue Unbeschwertheit.

Monika freut sich. Endlich ist Jana wieder ständiger Gast in ihrem Haus. Sie merkt, dass es auch Linda besser geht. Die Streitereien haben ein Ende. Auch Lindas ständige Fragen über ihren Vater sind verstummt.

Die Mädchen sitzen draußen im Garten auf der Schaukel. Plötzlich entdeckt Jana Pille.

„Meine Güte, was ist passiert?"

Sie hebt den Bären auf und hält ihn Linda vor die Nase.

„Warst du das?"

Beschämt nickt das Mädchen.

„Ja, ich war echt sauer!"

„Alles gut, ich besorge dir einen neuen!"

Sie schleudert Pille weit weg und läuft in Richtung Haus.

„Komm, lass uns Waffeln machen!"

Glücklich folgt Linda ihr ins Haus. Die folgenden Wochen verbringen die Freundinnen gemeinsam. Sie fahren an den See oder shoppen in der Stadt. Ben und

Ramona haben Abstand genommen und scheinen irgendwie normal zu werden. Offensichtlich haben sie das Interesse daran verloren, unschuldigen Mitschülern das Leben zur Hölle zu machen.

An Lindas 16. Geburtstag steht Jana mit einem riesigen Teddy vor der Tür.

„Oh mein Gott, du bist ja verrückt!"

Entzückt lässt sich das Geburtstagskind auf den flauschigen Bären fallen. Die Mädchen liegen lachend auf dem Boden. Monika hat sich freigenommen und backt schon den ganzen Vormittag Muffins.

„Willst du denn keine Freunde einladen?"

Jana leckt den Löffel ab und antwortet: „Ich bin ihre Freunde! Sie braucht niemanden außer mir."

Zu dritt verbringen sie den Nachmittag. Spät am Abend denkt Linda über den heutigen Tag nach.

Es war echt schön heute. Neues Jahr, neues Glück.

Bin ich schuld?

Jana hat dieses Wochenende keine Zeit. Linda liegt auf ihrem Bett und hört Musik. Sie hat die Augen geschlossen und träumt davon erwachsen zu sein und keinen mehr um sich zu haben, der ihr das Leben schwer macht.

Ich will was erreichen in meinem Leben, ich will Abitur machen, doch auf der Hauptschule wird das nichts. Ich will ein schönes Haus und ein Auto haben und Ärztin werden.

Oft ärgert Linda sich, dass ihre Mutter zugelassen hat, dass man sie nach der Grundschule auf die Hauptschule geschickt hat. Sie will auf das Gymnasium, aber ihre Lehrer von der Grundschule haben wegen ihres Verhaltens im Unterricht gesagt, die Hauptschule sei passender für sie und ihre Mutter glaubt alles, was die Lehrer sagen. Ihre Mutter setzt sich nicht für sie ein.

Mir war einfach nur langweilig auf der Grundschule.

Weil die Klassen in den Schulen viel zu groß sind, hat sie keine Förderung bekommen und so verschlechterte sie sich, was das schulische Verhalten betrifft. Sie konnte alles, was schriftlich gemacht wurde und hatte einen guten Zweier-Durchschnitt auf dem Zeugnis. Trotzdem kam sie auf die Hauptschule.

Ihr Ziel ist es, von der Hauptschule wegzukommen, sodass sie zumindest auf die Realschule kann.

Aufgrund dessen, dass sie in der Schule so viel durchmachen muss, ist sie nicht im Stande im mündlichen Unterricht zu zeigen was sie kann. Ständig muss sie an ihre Mutter denken und wie sehr sie sich durch ihr Leben quält.

Ist das meine Zukunft? BITTE NICHT!

Sie bekommt ein gruseliges Angstgefühl.

Was hat sie nur falsch gemacht und mache ich später dieselben Fehler? Dass alles so schiefgelaufen ist bei ihr, bin ich der Grund? Kann es sein, dass ich der Grund bin, dass sie kein schönes Leben hat?

Sie steht auf und macht die ganze Wohnung sauber und bereitet alles für ein Entspannungsbad vor.

Mama soll einen schönen Tag haben.

Als ihre Mutter nachmittags nach Hause kommt, steht Linda im Flur vor ihr.

„Es ist alles fertig und du kannst dich in der Wanne entspannen, ich mache jetzt noch das Mittagessen und nach deinem Bad können wir zusammen essen."

Ihre Mutter ist erstaunt. Sie fragt Linda, warum sie das macht.

„Mama, ich habe heute nachgedacht und mir ist klar geworden, dass du viel für mich aufgeben musstest und dass du auf viel verzichtest."

„Aber Linda, ich mache das gerne für dich!" „Das weiß ich, aber ich weiß auch, dass es dich nicht glücklich macht."

„Linda, dass ich mir die falschen Männer gesucht habe, die nicht gut zu mir waren und auch nichts für eine Familie sind, ist nicht deine Schuld. Du wirst deinen Weg gehen und vielleicht machst du deinen Weg besser, sodass du dir mehr leisten kannst und vielleicht einen guten Ehemann an deiner Seite hast."

Linda denkt darüber nach, was ihre Mutter gesagt hat und geht in die Küche und kocht den beiden was Schönes. Als ihre Mutter aus dem Bad kommt und sich zu ihr an den Tisch setzt, fragt sie Linda, wie es ihr geht.

Linda ist durch die Frage leicht erschrocken, denn es ist schon so lange her, dass ihre Mutter sie das fragt. Linda offenbart ihrer Mutter was sie für ein Leben durchmacht, das Mobbing in der Schule und alles andere.

„Jetzt wo Jana wieder an meiner Seite ist, ist es besser. Die anderen ignorieren mich jetzt."

Ihre Mutter war nicht erschrocken oder spendete ihr Mitleid, sie sagt nur: „Du bist sehr stark, mein Mädchen."

Eine neue Begegnung

Am nächsten Tag steht Linda am Küchenfenster und schaut auf den Weg vor dem Haus. Linda sieht einen Möbelwagen vor dem Haus stehen.

Da sitzt ja ein Mädchen auf dem Bürgersteig!

Linda läuft die Treppe runter, geht zu dem Mädchen und setzt sich neben sie auf den Bürgersteig.

„Hi, ich bin Linda, zieht ihr in unser Haus?"

Das Mädchen schaut Linda an und dann wieder ohne ein Wort auf den Boden.

Hat sie mich überhört?

„Wie heißt du?", versucht sie es erneut. Das Mädchen hebt den Blick vom Boden zu Linda hinauf.

„Ich bin Nele. Glaub mir, mit mir möchtest du nicht befreundet sein."

Linda kann das nicht verstehen.

„Warum nicht?", fragt sie neugierig.

„Weil ich dich runterziehe, ich bin krank.", erklärt Nele missmutig.

„Ach Quatsch! Komm, ich zeige dir hier alles. Hinter dem Haus ist meine Lieblingsstelle. Komm mit!", fordert Linda sie auf.

Sie packt Neles Hand und zieht sie hoch.

„Na gut, ich komm ja mit", lässt sich das Mädchen breitschlagen. Linda geht mit ihr hinter das Haus, um zu der Kellertreppe zu gelangen.

„Hier sitze ich gerne und schaue den Wolken zu."

Nele und Linda setzen sich gemeinsam auf die Treppenstufen. Linda fällt auf, dass Nele für das warme Wetter, viel zu lange Kleidung trägt und spricht sie darauf an: „Warum bist du so dick angezogen? Ist dir nicht zu heiß?“

Nele weicht der Frage aus und schiebt ihre Ärmel so weit wie möglich über ihre Hände.

„Ich muss meinem Vater jetzt noch etwas helfen, den Möbelwagen ausräumen.“

Linda bleibt zurück auf der Kellertreppe.

Ich bleibe einfach noch hier sitzen.

So vergehen in Lindas Traumwelt, in die sie dort immer versank, wieder drei Stunden.

„Du bist ja total weggetreten, wenn du hier sitzt.“, stellt eine Stimme fest und reißt Linda aus ihren Träumen.

Linda macht die Augen auf und sieht Nele wieder vor sich sitzen. Überrascht stellt sie fest, dass Nele lacht, doch ist es kein spöttisches Auslachen, wie Linda es sonst von den anderen Kindern gewöhnt ist. Ihr Lachen bringt Linda dazu, auch Lachen zu müssen.

„Hey, es war eben doof von mir zu sagen, dass wir keine Freunde sein können. Ich wäre gerne deine Freundin.“

Linda freut sich darüber.

„Dann sind wir jetzt Freundinnen.“, erklärt sie zufrieden.

„Auf welche Schule wirst du hier gehen?“, möchte Linda wissen.

„Auf die Hauptschule, ich muss aber erst noch ins Krankenhaus.“

„Super, da gehe ich auch hin, dann bist du an deinem ersten Tag nicht allein. Warum musst du ins Krankenhaus?“

Nele schiebt ihre langen Ärmel hoch und Linda bemerkt den gesamten Arm entlang Schnitte. Einige davon bluten noch immer.

„Warum machst du so was?", fragt Linda erstaunt.

„Weil ich den Schmerz brauche, um zu wissen, dass ich lebe.", erklärte Nele.

„Du brauchst den Schmerz?"

„Ja, wenn ich zornig oder traurig bin, muss ich mich selbst verletzten, mein Vater und seine Tussi wollen, dass ich wieder in Therapie gehe und deswegen muss ich ins Krankenhaus für ein paar Tage. Ich kann verstehen, wenn du jetzt doch nicht meine Freundin sein möchtest."

„Natürlich bleiben wir Freunde, das ändert nichts.", verspricht Linda.

Nele ist erleichtert. Die beiden verbringen den gesamten Tag bis zum Abend damit, sich über alles Mögliche zu unterhalten.

Linda und Nele haben noch den Samstag und den Sonntag zusammen verbracht.

Wendepunkt

In der ersten Stunde haben sie Mathe. Linda und Jana kichern und tuscheln miteinander. Die Klasse wirkt etwas unruhig. Frau Hering bittet einen Schüler nach dem anderen an die Tafel, um Aufgaben zu lösen.

„Linda!", ruft sie und Ben fängt plötzlich an, in die Hände zu klatschen.

Erst langsam, dann immer schneller. Verwirrt blickt sich das Mädchen um.

„Ruhe!" Energisch versucht Frau Hering die Klasse in den Griff zu bekommen.

„Komm nach vorn, Linda."

Hilflos und unsicher erhebt sie sich von ihrem Platz. Sie spürt und hört, wie der dünne Stoff ihrer Leggins an ihrem Hintern reißt. Die Klasse bricht in schallendes Gelächter aus. Hilfesuchend wendet sich Linda an Jana, die plötzlich mit einem Achselzucken aufsteht und sich zu Ramona gesellt.

Was? Linda kann es nicht fassen.

In dem Klassenzimmer ist es ohrenbetäubend laut. Es wird geklatscht, gejohlt, gelacht. Ein kräftiger Schlag auf das Lehrerpult lässt Ruhe einkehren. Frau Hering ist aufgebracht.

„Ihr seid jetzt alle ruhig, sonst bekommt jeder einen Eintrag. Und du, junges Fräulein, du kommst jetzt gefälligst an die Tafel!"

Linda greift an ihren Po und spürt ein großes, klaffendes Loch.

„Ich kann nicht", sagt sie leise und beschämt.

„Wie bitte?" Die Nasenflügel der Lehrerin beben.

„Na dann, wenn du nicht zu mir kommen kannst, dann wirst du eben zum Direktor gehen. Ich lasse mir hier von keinem mehr auf der Nase herumtanzen. Was glaubt ihr, wer ihr seid!"

Sie eilt zur Tür und stößt sie auf. Mit einer großen Armbewegung fordert sie Linda auf, ins Rektorat zu gehen.

„Ich kann nicht."

Traurig starrt das Mädchen auf ihren Radiergummi.

„Hast du dir ein Loch in die Hose gefurzt?"

Ben lacht hämisch aus der letzten Reihe. Wieder steigert sich die Klasse in lautes Gelächter. Aus den Augenwinkeln schaut Linda zu Jana. Auch sie lacht und hält sich den Bauch. Ihr kommen die Tränen. Das Mädchen spürt eine Wut in sich und springt von ihrem Platz auf. Der Stuhl fällt um und die Klasse verstummt abermals. Linda packt ihre Sachen in den Schulranzen und stürmt aus dem Klassenzimmer. Sie rennt von dem Schulgelände und hört erst auf zu laufen, als sie zu Hause angekommen ist. Wütend schmeißt sie sich auf ihr Bett und weint.

Warum? Was habe ich getan? Und du Jana?

Enttäuscht über ihre angebliche Freundin, kramt sie ihre Schere aus der Schreibtischschublade und sticht wie von Sinnen auf den Bären ein.

„Verrecke, verrecke endlich!" *Ich will nicht mehr.* Linda weint sich in den Schlaf. Am nächsten Morgen ist Linda entschlossener denn je. Sie wird auf keinen Fall mehr in diese Schule gehen, komme was wolle.

Nach der gestrigen Attacke kann sie sich der Klasse nicht stellen.

Linda nimmt sich das Graubrot und packt es in die Jackentasche. Dann schnappt sie sich ihre Schultasche und läuft geradewegs in die andere Richtung. Nicht zum Bus. Sie möchte nur weg.

Ich hasse diese Gegend.

Linda bleibt stehen und schaut sich um. Riesige Betonblöcke ragen in den Himmel. Der Spielplatz in der Mitte der Anlage mit seinen Geräten aus Holz benötigt dringend einen Anstrich.

Überall liegt Müll.

Nie im Leben würde ich hier meine Kinder im Sand buddeln lassen.

Sie läuft aus der Siedlung und folgt dem Gehweg. Irgendwann werden die Häuser niedriger und die Vorgärten schöner. Bis sie in einer Gegend ankommt, in der sich nacheinander ein tolles Haus neben einem noch Schöneren preisgibt. Wie eine Fernsehkulisse. Es ist acht Uhr.

Sie beobachtet, wie sich eine Tür öffnet und ein Mann mit einer Aktentasche aus einem weiß gestrichenen Haus in den blumigen Vorgarten tritt.

Eine Frau folgt ihm mit einem Baby auf dem Arm und einem kleinen Mädchen in einem rosa Kleid an der Hand. Innig verabschieden sich alle voneinander. Der Mann steigt in sein großes, silbernes Auto und winkt lachend, als er von dem Grundstück fährt. Er entdeckt Linda und winkt auch ihr zu. Überrascht hebt sie die Hand zum Gruß. Sie ist in einer völlig anderen Welt.

Einige Häuser weiter steht ein Umzugswagen vor einem Haus. Möbelpacker tragen Kisten und Tüten hinein. Irgendwo bellt ein Hund und Linda hört in den Hecken die Vögel singen. Sie fühlt sich unbeschwert und frei.

Wenn Papa zurückkommt, dann wohnen wir auch in so einer Gegend.

Sie läuft weiter und kommt an einen wunderschönen Spielplatz. Hier ist alles sauber, die Spielgeräte sehen neu aus. Der Rasen ist grün und es duftet nach Frühling. In der Mitte steht ein großes Holzhaus mit einer Rutsche und einem Sandaufzug. Sie geht hinein und sofort überkommt sie ein Gefühl von Sicherheit. Ganz klein macht sie sich und blickt aus der Öffnung in den Himmel.

Plötzlich wird Linda sehr traurig.

Ich weiß nicht wie es weiter gehen soll. Meine Mutter hat keine Zeit. Ich habe keine Freunde. Ich habe keinen Vater. Ich werde den Rest meines Lebens in dieser Assi-Gegend gefangen sein. Ich hasse mein Leben!

Das Mädchen bricht in Tränen aus. Die Gefühle übermannen sie. So sehr wünscht sie sich ein anderes Leben. Eines in dieser Gegend.

Mit einer Familie, die den Vater täglich fröhlich verabschiedet. Einer Mutter, die zu Hause die Kinder umsorgt und Geschwister, die hübsche Kleidchen tragen und lustige Zöpfchen haben.

„Was hast du?"

Erschrocken hebt Linda den Kopf. Sie hat niemanden kommen hören. Vor ihr steht ein Mädchen. In einem viel zu großen Pullover und schlabbrigen Shorts.

„Nichts."

„Nichts ist wohl nicht wahr, sonst würdest du hier nicht den Sand wegspülen."

Das Mädchen setzt sich zu Linda auf den Boden. „Ich bin Anja. Bin gerade hergezogen. Und wer bist du? Solltest du nicht in der Schule sein? Heute ist Mittwoch. Ferien sind erst nächste Woche."

Anja stellt eine Frage nach der anderen. Ohne Luft zu holen. Linda hebt die Hand.

„Oh, stopp. Ich habe schon die erste Frage vergessen. Also, ich bin Linda. Heute habe ich frei."

„Freut mich Linda. Stört es dich, wenn ich hier mit dir abhänge?"

Ohne eine Antwort abzuwarten setzt sie sich auf den Boden und rollt ihre Ärmel hoch.

„Ganz schön warm hier."

Linda beobachtet aus den Augenwinkeln, wie Anja ihren Unterarm frei macht.

Meine Güte, ist die dünn. Nur Haut und Knochen!

Sie schaut genauer hin. Auch das Gesicht von dem Mädchen sieht komisch aus.

Die Augen wirken sehr groß, die Wangenknochen stehen hervor. Auch die Ohren wirken zu riesig. Die Beine sind so dünn wie ihre eigenen Arme und stecken verloren in den Shorts. Linda schaut auf ihre eigenen Füße, dann auf die des Mädchens.

Sogar da kann man die Knochen sehen.

Sie steht auf und verlässt das Haus. Draußen ist es heller und sie kann einen noch genaueren Blick auf Anja werfen.

„Du bist ganz schön dünn. Bist du krank oder so?" Anja schnaubt wütend.

„Spinnst du, ich bin doch nicht dünn! Und krank bin ich schon mal gar nicht! Du hast nicht mehr alle Tassen im Schrank!"

Dann dreht sie sich um und rennt wütend davon. Linda bleibt alleine zurück. Sie versteht nicht, was gerade passiert ist.

Ein Blick auf die Uhr verrät ihr, dass es Zeit ist nach Hause zu gehen. Ihre Mutter hat heute frei und wird sicher mit dem Essen auf sie warten.

Die beiden sitzen am Tisch und essen Nudeln mit Soße. Monika ist keine große Köchin. Lustlos stochert Linda die halbfertigen Nudeln auf ihre Gabel.

„Bedrückt dich was, oder warum isst du nicht?"

„Wir haben eine Neue in der Schule," erzählt sie, „die ist so dünn, Mama. Nur Haut und Knochen. Ich habe sie gefragt ob sie krank ist. Sie hat mich angebrüllt, dass sie nicht dünn ist und krank schon gar nicht. Dann ist sie sauer geworden und einfach weggerannt."

„Oh, wie bei meiner Arbeitskollegin. Die ist auch viel zu dünn. Aber findet sich zu dick. Irina hat Magersucht."

„Aber, das ist doch eine Krankheit, oder?"
Monika nickt.

„Ja, eine sehr schwere sogar. Irina ist manchmal zu schwach, um zur Arbeit zu kommen und ständig ist sie auf Kur. Man kann sogar sterben."

Linda pickt mehrere Nudeln auf die Gabel und steckt sie sich in den Mund.

„Mir passiert das nicht. Aber, kann ich kurz mal mit dir reden?"

Das Mädchen wittert ihre Chance. Schon lange sind die beiden nicht mehr so an einem Tisch gesessen. Ohne Streit, ohne lautes Wortgefecht. Sie will ihrer Mutter sagen, was sie bedrückt. Was sie durchmacht. Noch während sie sich im Geiste den Text zurechtlegt, winkt Monika ab.

„Du, sei mir nicht böse. Aber heute ist mein freier Tag und ich möchte eigentlich nur mal zur Ruhe kommen. Vielleicht später."

War ja klar!

Enttäuscht räumt Linda ihren Teller in die Spüle und geht in ihr Zimmer. Sie nimmt sich einen Block und fängt an zu zeichnen. Eine Familie mit einem Hund, einem Auto und einem Haus. Einen Garten mit bunten Blumen und einem Baum, an dem eine Schaukel hängt. Dann pinnt sie alles über ihr Bett und schläft ein.

Björn Mayer

„Ich denke, in der Klasse haben wir ein Problem. Matze, ich meine Herr Fischer, erzählte mir von einem Vorfall im Turnunterricht. Und gestern kam Frau Hering zu mir. Ben und Ramona scheinen dort das Sagen zu haben. Ich habe sie schon eine Weile auf dem Schirm."

Rektor Fritsch lehnt sich in seinen Ledersessel zurück und faltet die Hände. Seit seinem Bandscheiben-Vorfall hat er nun diesen riesigen Sessel in seinem Büro stehen. In einem Jahr wird er in Pension gehen.

„Ich bin nun über 30 Jahre Direktor an dieser Schule. Habe auf hunderten von Hochzeiten getanzt. Meine Pinnwand hier, ist übersät mit Fotos kleiner, glücklicher Kinder. Babys von ehemaligen Schülern."

Er steht auf und öffnet den großen Schrank. Dahinter hängen tausende von Fotos und Karten. Herr Mayer schüttelt energisch den Kopf.

„Gerd, wir müssen dem nachgehen!"

Der Direktor blickt aus dem Fenster.

„Weißt du Junge, damals herrschte noch Zucht und Ordnung. Auch im Elternhaus. Heute können die Kinder machen was sie wollen. Hauptsache, die Eltern haben ihre Ruhe. Und wenn du ein Kind hast, von dem du dich permanent gestört fühlst, dann schickst du es zum Psycho-Doc. Dem erzählst du deine Sorgen. Zack, bist du mitten drin im Trend. ADHS. Oder du schickst dein Kind tagsüber in eine ambulante Therapie. Das macht man doch heute so, oder?"

Er dreht sich um und schaut Björn in die Augen.

„Nicht wir haben ein Problem. Es ist das Problem der Gesellschaft, der Eltern und der Ärzte, die sich dank der Modekrankheiten, eine goldene Nase verdienen. Und dank der Pillen-Produzenten, die junge Hostessen zur Vertreterin ausbilden, damit eben diese Ärzte deren Wundermedikamente kaufen. Zu meiner Zeit, da gab es kein Burn-out. Das ist wieder irgendeine Modekrankheit aus Übersee. Und was soll der Mist mit ADHS? ADS? Aufmerksamkeit wollen die? Früher gab es eine hinter die Ohren. Zack, Aufmerksamkeit bekommen! Wir haben mit den Händen Stein für Stein Häuser und Schulen errichtet, nach dem Krieg. Gar keine Zeit hatten wir für so einen Quatsch! Ich denke, du bist schon drüber, deine Klasse wartet schon."

Björn rollt mit den Augen. Hier kommt er nicht weiter. Er wird mit dem Vertretungsdirektor sprechen. Nach seiner Unterrichtsstunde sucht er im Schulgebäude nach ihm. Herr Jahn ist in seinem Alter und wurde hier zugeteilt.

„Hast du einen Moment, bitte?"

Björn betritt das Klassenzimmer, in dem Herr Jahn die Tafel wischt und schließt die Türe.

„Sicher, setz dich doch."

Lachend zeigt er auf einen Platz in der ersten Reihe. Die Stühle und Tische der Grund- und Hauptschule sind klein.

Vorsichtig setzt sich Björn. Hoffentlich trägt der mich. Dirk der Vertretungsdirektor, nimmt eine typische Lehrerpose auf seinem Schreibtisch ein.

Er trägt einen braunen Cordanzug, Glatze und Bart. Dazu eine Hippie-Brille mit runden Gläsern.

Fehlt nur noch das orangene, blumige Hemd.

„Ich war beim Rektor. Wegen der 8a."

Dirk nickt.

„Ja, die 8a, das ist ein Haufen. Ich habe zum zweiten Halbjahr die Pausenaufsicht. Doch da sind einige, die fallen auf."

Er holt sein Tablet aus dem alten Lederranzen.

„Ben und Ramona haben da irgendwas am Laufen. Die beiden sind ständig umgeben von anderen Kindern. Und vor ein paar Tagen, da siehe selbst."

Er zeigt Björn ein Foto: „Mit wem die sich da gekloppt haben."

Der Vertrauenslehrer nickt und schiebt das Tablet beiseite.

„Matze Fischer, Sport, war bei mir. Und die Hering, Mathe. So wie es aussieht, haben sich die beiden auf Linda Pietsch eingeschossen. Gestern gab es einen Vorfall mit ihr. Und heute ist sie nicht in der Schule."

Dirk pult eine Gurke von seinem Vollkornbrot und schnippt sie in den Mülleimer.

„Es sind noch drei Tage. Dann sind Sommerferien. Wir sollten morgen mit der Klasse reden und hoffen, dass die Worte, Sonne, Sand und Feriengedöns fruchten. Wird denn jeder versetzt?"

Björn nickt. „Gut. Hast du morgen in der Zweiten leer oder bist du eingeteilt?"

Herr Mayer schaut im Handykalender nach.

„Ne, da habe ich Zeit. Kommst du dann direkt zur 8a? Mathe wieder, richtig?"

Dirk nickt.

„Ja, treffen wir uns um kurz nach neun."

Hektisch packt er seine Tasche und zieht seine Cordjacke über.

„Ich muss los, ganz vergessen, Besprechung mit Ihmchen."

Er lacht.

„Noch ein Jahr."

Björn Mayer bleibt noch eine Weile zurück. Ja, noch ein Jahr und dann kann hier vielleicht eine Veränderung stattfinden.

Das Gespräch

„Guten Morgen, 8a!"

Die Klasse erhebt sich und antwortet im Chor:

„Guten Morgen, Herr Jahn und Herr Mayer!"

Unruhiges Stühlerücken folgt. Endlich hat jeder seinen Platz eingenommen und wartet.

„Was wollen die?", zischt Ramona. Jana zuckt mit den Schultern.

„Keine Ahnung. Uns schöne Ferien wünschen?"

Dirk nimmt seine gewohnte Haltung auf dem Lehrerpult ein und zieht sich die Brille auf die Nasenspitze. Er rollt mit den Fingern energisch auf seinem Tablet hin und her.

„Wo ist es nur. Nein. Nein. Nein. Ah ja, da!"

Björn rollt abermals mit den Augen. Wie kann man nur so unvorbereitet hier erscheinen? Wie soll einen die Klasse dann noch für voll nehmen? Er steht vor der Tafel und nestelt in seiner Tasche nach einem Bonbon. Sein Blick gleitet über die Köpfe der Schüler.

„Linda ist nicht da.", flüstert er dem Vertrauenslehrer ins Ohr. Der nickt kurz und steht auf.

„Liebe 8a. Da ihr wahrscheinlich keine Ahnung habt, warum Herr Mayer und ich heute hier sind, will ich es euch kurz erklären. Mir ist zu Ohren gekommen, dass hier einige ihre guten Manieren mit dem Teddy-Schlafanzug und dem Prinzessinnen-Nachthemd unters Kissen legen, bevor sie in die Schule kommen. Das geht so nicht."

Ramona kichert, was die Aufmerksamkeit des Vertrauenslehrers auf sie lenkt: „Und du, junges Fräulein, du kannst mir als erstes erklären, wo Linda heute ist."

Dirk stellt sich vor den Schreibtisch des Mädchens.

„Ist mir eigentlich so etwas von scheißegal."

Trotzig verschränkt sie die Arme und macht eine Blase mit ihrem Kaugummi.

„Raus damit, sofort!" Frau Hering hält ihr ein Taschentuch vor das Gesicht.

Ramona spuckt ihn in die Hand der Lehrerin. Entrüstet wirft diese alles in den Mülleimer.

„Und Respekt habt ihr dann mit der Morgentoilette das Klo runtergespült, oder wie?"

Der Vertrauenslehrer tippt auf seinem Tablet und runzelt die Stirn. Matze ergreift das Wort.

„Es ist doch so, in der letzten Sportstunde, da habt ihr der Linda übel mitgespielt. Zumindest hatte ich den Anschein. Ben, verbessere mich, wenn ich im Unrecht bin. Aber, ich bin mir ziemlich sicher, der Ball traf Lindas Kopf absichtlich. Und was war gestern wieder los? Die Sache mit den Leggins? Kann es sein, dass ihr euch auf eure Kameradin eingeschossen habt?"

„Höchstens verschossen, und zwar der Yusuf!"

Ben springt auf und zeigt auf den Jungen.

„Oder Yusuf, eingeschossen haben wir uns nicht auf die, aber verschossen bist du doch, gib es zu!"

Die Klasse bricht in schallendes Gelächter aus. Dirk schlägt laut auf das Pult und es kehrt wieder Stille ein.

„Ich glaube, die Ferien tun euch ganz gut. Ich sehe aber auch, hier sind einige sowas von auf der Kippe.

Ich würde vorschlagen, Ben, Max und Jonas. Wir sehen uns täglich von acht bis elf Uhr zum Förderunterricht.

Sicherlich haben wir zwischen Mathe, Englisch und Erdkunde dann auch Zeit über das Thema „Miteinander" zu sprechen. Ach, und noch etwas. Sollte sich das Verhalten in dieser Klasse gegenüber euren Kameraden nicht ändern, werdet ihr in den Sommerferien alle nachsitzen und die Abschlussfahrt nächstes Jahr wird gestrichen. Ben, Max und Jonas, wenn ihr heute nach Hause kommt, sollten eure Eltern den Brief bereits gelesen haben. Ich bitte darum, ihn mir morgen unterschrieben zurückzubringen. Na dann, viel Spaß noch heute. Euch anderen wünsche ich natürlich schöne Ferien."

Dirk und Björn verlassen das Klassenzimmer und lassen eine völlig verständnislose Schülergruppe zurück.

„Der hat sie doch nicht mehr alle!"

Wütend bricht Ben seinen Bleistift in zwei Teile. Dann nimmt er einen Zettel und schreibt: „Das wird die Schlampe mir büßen! Bist du mit deinen Mädchen dabei?"

Er übergibt ihn Ramona. Ein Nicken ist die Antwort.

Ferien

„Ich muss los!"

Linda eilt aus der Tür. Sie ist auf dem Weg in die Schule. Obwohl Ferien sind, hat sie sich für einen Förderkurs angemeldet. Sie möchte unbedingt von dieser Schule runter. Dafür braucht sie aber in einigen Fächern eine bessere Note. Hans-Werner, der Busfahrer, öffnet ihr mit einem Lächeln die Tür.

„Na, junges Fräulein. Hereinspaziert."

Das Mädchen nimmt hinter ihm Platz. Nur wenige Schüler sitzen im Bus.

An der Schule angekommen, läuft Linda geradewegs in ihre Klasse. Alles ist so anders. Normalerweise ist ihr Schulweg die Hölle, sie beginnt den Schultag auf der Mädchentoilette. Jetzt kann sie unbeschwert und ohne Angst sein.

Wenn es doch nur immer so wäre.

Linda öffnet die Tür. Ihr Herz rutscht in die Hose. Die beiden Gangs sitzen an ihren Plätzen und starren sie an. Ist das ein böser Albtraum?

„Na, wen haben wir denn da? Linda!"

Ben springt auf und verbeugt sich vor ihr.

„Gnädiges Fräulein, schön, dass Sie uns beehren." Seine Freunde lachen laut. Linda setzt sich nach vorne und wagt es nicht, sich umzudrehen. Aber sie spürt die Blicke der anderen in ihrem Nacken.

Innerlich zittert sie. Während der drei Unterrichtsstunden kann sie sich kaum konzentrieren.

Nach der letzten Pause nimmt sie ihre Tasche und verlässt das Gebäude.

Grade als Linda ein wenig von der Tür weggegangen ist, packen Ramona und Ivonne sie an ihren Armen. Linda schafft es nicht sich loszureißen. Die beiden bringen sie hinter die Sporthalle, dort stehen die anderen bereit.

Ben sagt zu ihr als Sprecher der Runde: „Linda du hast uns sehr enttäuscht, wir machen mit dir ein paar Späßchen und du hetzt uns die ganze Lehrermeute auf den Hals. Was können wir dafür, dass du keinen Spaß verstehst?"

„Ein bisschen Spaß!? Ihr macht mein Leben hier zur Hölle!"

In der nächsten Sekunde verspürt Linda einen stechenden Schmerz seitlich an ihrem Brustkorb. Ramona die neben ihr steht, hat ihr in die Seite geboxt und es folgen noch ein paar Schläge von Sina.

Linda geht in die Knie, aber Ramona zieht sie wieder hoch und Ben spuckt ihr ins Gesicht.

Ben droht ihr: „Du nimmst deine Behauptungen über uns zurück und das noch heute, sonst wirst du es bereuen!"

Linda weiß nicht was er meint.

„Ich habe nichts gesagt!"

Sie hört nur ein weiteres „mach es".

Alle laufen weg und sie bleibt alleine zurück. Sie liegt am Boden und schaut in den Himmel. Wieder sieht sie die Wolken in ihren endlosen Formen.

„Bitte ihr Wolken, helft mir."

Sie steht voller Schmerzen auf, setzt sich an die Wand der Turnhalle und wischt sich die Spucke aus ihrem Gesicht.

Was soll ich jetzt nur tun?

Linda weint und sie zittert am ganzen Körper.

Sie steht trotz der starken Schmerzen auf und läuft zur Bushaltestelle. Als sie ankommt, geht sie langsam an den Menschen vorbei, die auch auf den Bus warten.

Eine ältere Frau schaut Linda an: „Kind, was ist mit dir passiert?"

„Ein schwieriger Tag.", antwortet Linda.

Die ältere Dame entgegnet: „Kann ich dir irgendwie helfen?"

Linda sieht im Gesicht der Dame, dass sie sich Sorgen um sie macht.

„Nein, mir kann keiner helfen, damit muss ich allein fertig werden."

Linda musste der älteren Dame noch versprechen, dass Sie mit ihren Eltern redet.

Der Bus hielt an ihrer Haltestelle. Im Bus hat Sie keiner mehr angesprochen. Als sie Zuhause angekommen ist und vor dem Haus steht, überkommt sie ein kaltes fremdes Gefühl.

Das ist nicht richtig, ich will nicht nach Hause.

Schnell läuft sie in Richtung ihres neuen Zufluchtsortes, dem Spielplatz mit dem Holzhaus. Anders, als beim letzten Mal, ist sie heute nicht allein. Viele Mütter mit ihren Kindern sind hier. Linda setzt sich auf eine Bank und wartet, bis sich die Anlage leert. Dann zieht sie sich in das Haus zurück. Wieder bricht sie in Tränen aus.

Ich habe gar keine Chance hier wegzukommen. Von denen wegzukommen!

Sie ist verzweifelt. Dieser Kurs ist nötig, um in die Realschule, weg von den Terror-Kids zu kommen. Aber wie soll sie da jeden Tag hingehen, wenn alle, die sie quälen, dort sind?

„Klopf, klopf." Anja steckt ihren Kopf durch die Öffnung. „Sorry wegen vorgestern. Ich habe etwas überreagiert. War ein hartes Jahr. Darf ich rein?"

Linda nickt und wischt sich die Tränen weg.

„Warum weinst du immer, wenn ich dich sehe?"

Neugierig rückt Anja näher. Linda erzählt ihr, wie Ramona und Ben mit ihren Leuten ihr das Leben zur Hölle machen. Dass ihre Mutter keine Zeit für sie hat. Dass sie es hasst, mit tausend Nachbarn in einem Haus zu wohnen, das nach Urin stinkt und deren Wände verschmiert sind.

„Unser Spielplatz ist voller Müll. Überall sitzen die Alkis rum und lassen ihre leeren Schnapsflaschen liegen. Hunde machen in den Sandkasten. Hier ist es so viel schöner."

Traurig schaut sie zu dem Haus, aus dem der Mann von seiner Familie verabschiedet wurde.

„Hier ist irgendwie heile Welt."

Anja bricht in schallendes Gelächter aus.

„Nirgendwo ist heile Welt, Linda! Ich wohne auch hier, seit vorgestern. Und glaub mir. Nichts mit heiler Welt. Alles blöd. Auch wo ich vorher gewohnt habe. Die dicken Autos vor der Tür und die aufgesetzten Straßenfeste, bei denen sich die Nachbarn messen, wer hat den tollsten Kuchen gebacken, welches Kind spielt schöner Klavier und welche Rosen blühen dieses Jahr am prachtvollsten!"

Sie steht auf und stampft auf den Boden.

„Das ist nichts als eine billige TV-Show! Nach außen ist alles toll. Aber wie es hinter der Türe abgeht, das sieht keiner. Oder hier!"

Sie tippt sich auf die Brust. Dann weint Anja plötzlich los. Linda ist erschrocken über diesen plötzlichen Ausbruch und versucht ihre neue Freundin zu beruhigen.

Schluchzend erzählt diese weiter: „Meine heile Welt ist schon lange kaputt. Ich esse nicht und werde immer fetter. Meine Klassenkameraden haben mich gehänselt, fette Kuh genannt. Sie machen mich ständig darauf aufmerksam, dass ich nicht so viel essen soll. Und auch wenn ich tagelang nichts esse, ich bekomme das hier nicht weg!"

Sie zieht sich den Pullover hoch. Linda starrt auf den dürren Körper des Mädchens. Die Beckenknochen stechen hervor.

„Du bist nicht fett! Das sind Knochen, die gehen nicht weg!"

„Blödsinn! Was weißt du denn schon!"

Beleidigt verlässt Anja das Spielhaus.

„Warte, Anja!"

Linda läuft ihr hinterher und nimmt sie an die Hand.

„Lass uns Freunde sein. Wir können uns gegenseitig helfen. Wie sieht es aus, soll ich dir den See zeigen?"

Anja erwidert ihren Händedruck und nickt. Die beiden sind noch eine Weile am See spazieren gegangen und haben sich alles Mögliche übereinander erzählt. Anja merkt, dass sie nach Hause muss.

„Hey Linda, es ist schon spät, ich muss los."

„Ich auch." Also verabschieden sich die beiden.

Anja kommt an ihrer Haustüre an und bleibt noch einen Moment draußen stehen.

„Ich hoffe, dass meine Eltern mich wenigstens heute Abend in Ruhe lassen, ich will nicht wieder über meine Magersucht reden."

Sie macht die Tür auf und geht ins Haus. Ihr Vater schaut sie wieder mit dem fürsorglichen Blick an, den Anja nur noch hasst.

„Anja, du hast wieder erbrochen und wieder nichts im Magen."

„Lass mich damit in Ruhe, das ist mein Leben!"

Er schaut sie nur mit einem Blick voller Mitleid an und geht ins Wohnzimmer. Anja rennt auf ihr Zimmer und schmeißt sich auf ihr Bett. Sie nimmt Ihr Kissen und drückt es auf ihren Kopf, so dass sie alle Geräusche verdrängt.

Nicole

„Jörg, die Lichtners von nebenan haben mich eben gefragt, ob es uns gut geht. Die meinen bestimmt Anja. Sie sollte doch die weiten Sachen tragen. Ich möchte nicht, dass man ihre Magersucht sieht. Mensch, die Nachbarn denken bestimmt wir enthalten ihr das Essen vor.“

„Schatz, die haben dich bestimmt nur so gefragt.“

Nicole will den Worten ihres Mannes keinen Glauben schenken.

„Mit ihrer Magersucht, lässt sie uns schlecht dastehen. Sie gehört in eine Klinik, wo sie erst mal dauerhaft bleiben kann.“

„Nein, ich möchte, dass meine Tochter hier bei uns bleibt!“

„Sie ist auch meine Tochter und ein paar Wochen, in einer Klinik wo sie durchgehend bleibt und mal richtig behandelt wird, haben wir bestimmt mehr Erfolg. Deine kleine Prinzessin ist sie schon lange nicht mehr.“

„Nicole, ich sage es zum letzten Mal, ich lasse nicht zu, dass du Anja in eine geschlossene Psychiatrie einweist. Das wird Anja ewig nachhängen. Was, wenn das ihr späterer Ausbildungsbetrieb rausbekommt?“

Nicole ist sichtlich sauer.

„Ich will, dass hier wieder Normalität einkehrt, ich will dieses ständige Gestreite mit dir und Anja nicht mehr ertragen müssen. Ich habe keine Lust mehr, ständig muss ich das Klo sauber machen, weil Anja wieder da reingekotzt hat.“

„Dann lass es doch unsere Putzfrau sauber machen!"

„Du weißt, dass die nicht wissen soll, dass Anja magersüchtig ist."

„Du bist doch bescheuert, jeder weiß das, du willst es nur nicht wahrnehmen."

„Ich mache das nicht mehr mit. Wenn Anja nicht in die geschlossene Einrichtung geht, werde ich dich verlassen."

Jörg geht, ohne ihr eine Antwort zu geben, an das große Weinregal im Wohnzimmer und nimmt sich eine Flasche Rotwein heraus. Er setzt sich auf das Sofa, neben dem Kamin im Wohnzimmer und öffnet die Flasche. Er lässt den Wein nicht einmal atmen, schüttet sein Glas halb voll und trinkt es in einem Zug aus.

„Durch dich und deine Drohungen, kann man nur zum Alkoholiker werden!"

Besuch in der Klinik

Am nächsten Tag geht Linda am Nachmittag zum Spielplatz und wartet, aber auch nach zwei Stunden ist sie nicht vorbeigekommen. Linda denkt darüber nach, zu dem Haus von Anja zu gehen, aber sie traut sich nicht und geht nach Hause.

Am Abend macht Linda sich fertig fürs Bett und als sie sich hingelegt hat, wurde ihr klar, dass sie heute nicht weinend einschlafen muss.

Ohne Schule ist alles besser, am liebsten wäre ich für immer in den Ferien.

Linda ist schon 4 Tage, immer wieder zu dem Spielplatz gegangen und Anja war nicht da. Sie steht auf dem Spielplatz, nimmt all ihrem Mut zusammen und geht zu dem Haus, wo Anja wohnt. Vor der Tür bemerkt sie, dass sie anfängt zu zittern.

Mann, die Tür sieht aus, als wären die echt reich. Bestimmt wollen die nicht, dass Anja mit so jemanden wie mir befreundet ist.

Sie nimmt erneut allen Mut zusammen und klingelt, während sie überlegt, wegzulaufen und nicht wiederzukommen.

Das dauert aber lange, ist das Haus so groß?

Nach einer Weile macht ein Mann im Anzug die Tür auf. Linda denkt zuerst, dass der Mann der Butler sein muss, doch der Gedanke wird von ihr sofort wieder verdrängt.

Der Mann spricht: „Was kann ich für dich tun?"

Linda fragt: „Ist Anja zuhause?"

„Bist du eine Freundin von ihr?", fragt er.

„Sozusagen, wir haben uns dort drüben auf dem Spielplatz kennengelernt."

Der Mann lächelt sie an.

„Komm rein, ich bin Anjas Vater."

Er zeigt ihr einen Raum: „Setz dich doch kurz hier ins Wohnzimmer."

Er ruft nach einer Nicole und auch sie kommt ins Wohnzimmer: „Was möchtest du?"

„Wir haben Besuch, das ist eine Freundin von Anja"

Nicole lächelt: „Ach, wer bist du denn?"

„Ich bin Linda. Ist Anja zuhause?"

Besorgt blickt Nicole sie an und antwortet: „Anja ist im Krankenhaus."

„Warum? Ist etwas passiert?"

Linda wird sofort unruhig und macht sich Sorgen. Anjas Vater erzählt: „Sie ist wegen eines Schwächeanfalls im Krankenhaus."

Sofort erinnert Linda sich an die Gespräche mit Anja: „Wegen ihrer Essstörung?"

Nicole ist überrascht.

„Ach, du weißt davon?"

Linda nickt.

„Ja, ich weiß es, Anja hat es mir erzählt."

Nicole wird nervös: „Dann bitte behalte es für dich, es soll nicht jeder wissen, dass sie diese Essstörung hat und schon gar nicht die Nachbarn."

„Okay, in welchem Krankenhaus ist sie denn und darf ich sie besuchen?"

„Wenn du möchtest, nehme ich dich mit, ich wollte gleich hinfahren, ich bin übrigens Anjas Mutter."

Linda entschließt sich, mit Nicole mitzufahren.

Die beiden sind in einem Auto zum Krankenhaus, in dem Linda nicht aufhören kann zu staunen. Niemals zuvor hat sie in einem so teuren Wagen gesessen. Beim Krankenhaus angekommen, gehen die beiden hinein, auf Station 8 ins Zimmer 17. Linda möchte sich das merken, weil sie unbedingt noch mal allein herkommen möchte, um Anja zu besuchen. Sie kommen in das Krankenzimmer und Linda sieht Anja.

„Hallo Anja!"

„Linda, was machst du denn hier?"

Anja kann man ansehen, dass sie sich über den Besuch von Linda sehr freut.

„Deine Mama hat mich mitgenommen."

Nicole fragt Anja, warum sie von Linda nichts erzählt hat.

„Ich muss euch doch nicht alles erzählen."

Nicole geht aus dem Zimmer, um mit der Ärztin zu reden. Anja und Linda sind allein im Zimmer.

Linda fragt: „Was ist passiert?"

„Ich bin gejoggt bis ich umgefallen bin. Ich merke beim Laufen nicht, wann ich aufhören muss und ich bin wohl zu nachlässig mit dem Essen gewesen."

„Anja, darf ich dich was fragen? Aber nicht wieder sauer werden."

„Ja, mach ruhig!"

Anja verspricht nicht sauer zu werden.

„Anja, warum isst du nicht? Du bist doch schon so dünn."

Anja erklärt: „Essen ekelt mich einfach nur an, mir wird schlecht, wenn ich nur an Essen denke und dann ist es sehr schwer was in mir zu behalten."

Linda will wissen, wie viel sie gestern gegessen hat, als das passiert ist.

„Ein Apfel, mehr nicht und den habe ich wieder erbrochen."

„Also nichts."

Daraufhin kommt ihre Mutter wieder in das Krankenzimmer zurück.

„Linda kannst du kurz rausgehen?"

Linda steht vor der Tür und ohne zu lauschen, hört man wie die beiden am Streiten sind. Nicole hält ihr vor, dass sie wieder ihre Mahlzeit nicht gegessen hat und bald durch eine Magensonde ernährt werden muss, was bedeutet, dass die Nahrung über einen Schlauch in den Körper gelangt. Sie hört noch, wie Nicole ihr vorwirft, dass sie ihren Ruf in der Nachbarschaft schädigt und Anja hält ihr vor, dass sie nur das im Kopf hat. Nicole kommt sichtlich sauer aus dem Zimmer und ist sehr aufgebracht.

„Komm, ich bringe dich nach Hause."

Linda wollte sich eigentlich noch von Anja verabschieden, aber sie weiß, dass sie sie morgen wieder besuchen wird.

Linda ist wieder zuhause und freut sich jetzt schon, dass sie morgen ihre Freundin Anja besuchen wird.

Ist das toll eine Freundin zu haben. Was bringe ich ihr denn mit?

Linda ist so aufgeregt, dass sie keinen klaren Gedanken fassen kann.

Ich bringe ihr eine Blume mit. Nein, das ist nicht gut… Ein Bild von einer Blume. Nein, das ist es auch noch nicht. Ja ich bastle ihr eine Karte.

Sie schnappt sich Linda Bastelpapier und fängt sofort an. Sie malt das Häuschen vom Spielplatz auf die Karte, wo die beiden sich kennengelernt haben. Dar-

über schreibt sie „Beste Freundinnen". Auf die Rück-
seite schreibt sie, dass Anja hoffentlich bald wieder zuhause ist.

Ja das ist schön.

Linda geht in die Küche und macht sich noch ein
Brot. Als sie es aufgegessen hat, macht sie sich fürs
Bett fertig. Sie liegt im Bett und kann vor Nervosität
nicht einschlafen.

Nele

„Es ist zwar nicht in unserem Sinne, aber wir können dich nicht zwingen hierzubleiben."

Dr. Mirosch steckt sich ihre Brille zurück in das Haar. Nele kaut gelangweilt und etwas genervt auf ihrem Kaugummi. Sie winkt ab.

„Ach was, es geht mir schon viel besser. Hier."

Sie zieht ihren Pullover nach oben und entblößt ihren Arm. Viele Striche bilden ein vernarbtes Muster.

„Alles verheilt, nichts Neues mehr."

Sie legt ihr breitestes Grinsen auf und sagt bestimmt: „Ich habe es hinter mir, Doro."

Es ist ihr dritter Aufenthalt seit 4 Jahren. Einen normalen Alltag hatte sie schon lange nicht mehr. Kaum war sie draußen, wies man sie wieder ein. Ein endloses Hin und Her. Tanja, ihre Mutter, ist überfordert. Mit 16 hatte sie ihr Kind bekommen. Von einer Beziehung in die nächste. Jetzt ist sie abhängig von Schmerzmittel und Schlaftabletten.

Nele war elf, als sie nach einem Streit mit ihrer Mutter im Bad den Kopf gegen die Wand schlug. Der Schlag war so heftig, dass sie sich eine Platzwunde über der Braue zuzog. Sofort waren die Wut und der innere Schmerz vergessen. Sie streicht sich über die Narbe. Vier Stiche hat es gebraucht. Beinahe stolz ist sie auf ihren Makel. So fing es an.

Jeder Streit, jedes Unbehagen und jedes Gefühl von Langeweile wurden bekämpft mit physischem Schmerz.

Nele ritzte sich mit ihren Fingernägeln den Unterarm auf, sie riss sich büschelweise Haare aus, langsam und voller Hingabe. Wenn sie unterwegs war, biss sie sich auf die Zunge, bis sie blutete. Manchmal setzte sie sich auf die Finger und bog diese um. Der Schmerz ergriff Besitz von ihr. Er bestimmte ihren Tag, er bestimmte ihre Laune und er bestimmte sie. Anfangs nahm niemand Notiz von dieser Veränderung.

Sie trug weite Kleidung, um die Striemen auf ihrem Arm zu verdecken. Als es keinen Platz mehr gab, fing sie an, ihre Beine und ihren Bauch zu ritzen. Irgendwann platzte ihre Mutter in das Zimmer, als sich Nele gerade fertigmachte.

„Lieber Himmel Nele, was hast du gemacht!?"

Tanja packte ihre Tochter und schüttelte sie.

„Wie siehst du aus? Du hast dich verstümmelt!"

Weinend verließ sie das Zimmer und fing an zu telefonieren.

Jetzt quatscht sie auch noch Walter voll.

Nele war sauer. Das hatte ihr gerade noch gefehlt, dass die Mutter ihren Erzeuger - wie sie ihn nannte, anrief. Das bedeutete wieder ein endloses Gespräch, das eh zu nichts führen würde.

„Wiegesagt, wenn du gehen möchtest, dann kannst du gehen."

Dr. Doro Mirosch zieht ein Formular aus dem Drucker.

„Du musst das noch unterschreiben, hier. Und unten bei dem roten Strich muss deine Mutter ihr Kürzel setzen."

Sie lächelt Nele an.

„Du machst wirklich einen sehr guten Eindruck. Dieser Aufenthalt war der längste und auch der schwierigste. Aber, du bist auf einem guten Weg."

Sie verabschiedet sich, nimmt den Entlassungsbrief an sich und wartet im Flur auf Tanja. Hoffentlich kommt sie bald. Mit Sicherheit müssen sie zweimal fahren. Während dieses Aufenthaltes haben sich sehr viele Sachen angesammelt. Tanja eilt auf sie zu.

„Wir müssen gleich los, ich muss nachher noch arbeiten."

„Dir auch Hallo."

Nele hat jetzt schon wieder genug. Vielleicht ist es doch keine so gute Idee zurückzugehen. Hier kümmert man sich um sie. Hier nimmt man sie ernst. Sie nimmt sich vor, Linda zu besuchen. Manchmal haben die Mädchen die Nachmittage zusammen verbracht.

Ich werde sicherlich nicht in den Ferien alleine zu Hause sitzen.

Besuch im Krankenhaus

Es war eine unruhige Nacht. Linda wird wach und schaut auf ihren Wecker, der 08:00 Uhr anzeigt. Sofort überlegt sie, ob es noch zu früh ist, um Anja zu besuchen.

Nachmittags besuchen sie bestimmt ihre Eltern.

Aus diesem Grund steht sie sofort auf und macht sich fertig, um ihre Freundin im Krankenhaus zu besuchen.

Sie möchte mit ihrem Fahrrad zum Krankenhaus fahren. Sie geht in den Fahrradkeller, denn dort stehen von allen Bewohnern im Haus die Fahrräder.

Sie nimmt sich ihres und will es aus der Lücke schieben, aber es geht so schwer. Sie schaut nach unten.

Verdammt die Reifen sind zerstochen.

Das ist dieses Jahr schon das dritte Mal, dass ihre Reifen mutwillig zerstochen worden.

Ich weiß nicht, wie man das repariert und es in die Zweiradwerkstatt zu bringen, hilft mir jetzt auch nicht. Warum habe ich keinen Vater, der mir sowas beibringt, oder verhindert, dass so was passiert. Dann muss ich wohl mit dem Bus fahren.

Sie macht sich auf den Weg zur Bushaltestelle und studiert den Fahrplan, um zum Krankenhaus zu gelangen. Zu Fuß ist es zu weit, sie müsste bestimmt über eine Stunde laufen und den Weg kennt sie auch nicht.

Der Bus kommt an der Haltestelle an und Linda steigt ein, der Busfahrer möchte ihr Ticket sehen und Linda zeigt ihr Schülerticket vor. Der Busfahrer, den Linda auch noch nie gesehen hat, schüttelt den Kopf.

„Nein, das ist ein Schülerticket und jetzt sind Ferien."

„Bitte Herr Busfahrer, ich möchte meine Freundin im Krankenhaus besuchen und sonst komme ich da nicht hin", versucht Linda den Busfahrer zu überreden.

Der Busfahrer bleibt dabei, verneint und verlangt 5,90€ für das Ticket.

Linda gibt ihm ihr letztes Taschengeld, nimmt ihr Ticket und steigt in den Bus ein. Gerade als sie sich vorne hinsetzten will, fällt ihr auf, dass hinten keiner sitzt. So entschließt sie sich hinten Platz zu nehmen.

Ist das toll, dass meine Mitschüler nicht im Bus sind.

Sie genießt es, dass sie hinten allein im Bus sitzt und sich auch mal wie ein normales Mädchen fühlen kann.

Am Krankenhaus angekommen, steigt sie aus und läuft zum Haupteingang.

Wie war das noch, Station 6 - nein 3 - nein 8 - ja, 8 war es, Zimmer 17!

Das hat sie sich gemerkt. Sie tritt ein, geht zügig durch die Stationen, bis zur 8, dann bis Zimmer 17 und endlich steht sie vor Anjas Zimmer. Sie klopft, aber da keiner etwas sagt, macht sie vorsichtig die Tür auf, doch da ist niemand. Sie sieht, dass ihr Name, Anja Müller noch auf dem Etikett am Bett steht.

Oh Gott ich hoffe, ihr geht es gut.

Linda wird unruhig und läuft schnell zum Schwesternzimmer.

Sie sieht eine Krankenschwester und fragt: „Was ist mit Anja Müller vom Zimmer 17?"

Die Krankenschwester erklärt: „Sie ist auf der Intensivstation, sie ist bewusstlos geworden und ist noch nicht wieder wach."

Linda ist traurig. Entmutigt geht sie wieder durch die Stationen und die langen Gänge, die ihr jetzt noch länger vorkommen und durch den Empfangsbereich nach draußen. Sie setzt sich auf eine Bank vor dem Krankenhaus.

Ich hoffe so sehr, dass sie wieder gesund wird.

Tränen laufen ihr das Gesicht herunter. Sie schaut auf den Boden und weint. Ein Stück weiter neben dem Eingang ist der Rettungsdiensteingang. Linda lässt den Blick hochwandern und kann hineinschauen. Draußen stehen zwei Sanitäter, die eine Zigarette rauchen und sich unterhalten, aber was sie sagen kann sie nicht hören.

Linda schaut wieder auf den Boden und ist immer noch tief traurig, dass Anja so etwas durchmachen muss.

Einer der Sanitäter sieht, dass sie am Weinen ist. Er geht zu ihr.

„Kann ich dir irgendwie helfen?"

Linda erschrickt, weil sie überhaupt nicht mitbekommen hat, wie er sich ihr angenähert hat.

„Nein, es geht schon."

Der Sanitäter setzt sich neben sie auf die Bank und erzählt: „Es gibt vieles, das einen zum Weinen bringt in einem Krankenhaus, doch gibt es auch vieles, das einem Freude bringt."

Linda schaut vom Boden zu ihm auf.

„Was soll einen denn im Krankenhaus freuen?"

Der Sanitäter erklärt: „Es freut einen, wenn man krank war und die Menschen, die hier arbeiten, einen wieder gesund pflegen, oder wenn Menschen die verletzt waren, wieder gesund nach Hause kommen. Auch wenn ein Baby geboren wird, freut man sich."

Linda muss zugeben: „Ja so etwas kann einen wirklich erfreuen."

Der Sanitäter hakt nach, warum Linda weint.

„Wollen Sie das wirklich wissen?"

Der Sanitäter lächelt sie an: „Sicher, sonst hätte ich nicht gefragt. Mein Name ist übrigens Yannik."

Aufmunternd lächelt er Linda an.

Sie öffnet sich: „Meine Freundin ist wegen ihrer Essstörung eingeliefert worden. Heute ist sie wohl bewusstlos geworden und noch nicht wieder aufgewacht."

Verständnisvoll schaut er sie an: „Das ist echt nicht schön, aber das wird schon wieder. Die Ärzte und Pfleger machen alles, damit es ihr wieder gut geht und bald ist sie wieder kräftiger und dann geht es ihr besser."

Linda freut sich über die netten Worte von Yannik, doch wird sie schnell wieder traurig. Er möchte wissen was ihr noch auf dem Herzen liegt.

„Was bereitet dir denn noch Kummer?"

„Ich habe mein letztes Geld ausgegeben, um hier hinzukommen und jetzt weiß ich nicht, wie ich nach Hause komme. Ich werde wohl laufen müssen."

„Kann dich keiner abholen?"

„Nein, meine Mama ist auf der Arbeit und sonst ist da keiner."

„Wo wohnst du denn?"

Linda gibt ihm ihre Adresse und sofort bietet er an, sie nach Hause zu bringen.

„Wir bringen dich, aber erzähl es nicht herum, das ist eine einmalige Ausnahme."

„Okay, danke!"

Linda freut sich, dass sie nicht laufen muss, aber noch mehr, dass sie in einem Rettungswagen mitfahren darf. Er und Linda setzen sich vorn in das Fahrerhaus und sein Kollege setzt sich nach hinten. Linda stellt ihm auf der Fahrt bestimmt 1.000 Fragen und so vergeht die Fahrzeit wie im Flug.

Die beiden Sanitäter freuen sich über Lindas Interesse an ihrem Beruf und beantworten jede Frage die Linda stellt. Am Haus von Linda angekommen, verabschiedet sich Linda von den Sanitätern und bedankt sich mehrmals für die Hilfe. Die beiden Sanitäter wünschen ihr alles Gute für ihre spätere Berufswahl und noch einen schönen Nachmittag.

Sie geht ins Haus und schlendert durch den Flur. Vor ihrer Wohnungstür fällt ihr auf, dass sie ihren Schlüssel nicht mitgenommen hat. Sie war wegen des Besuchs bei Anja so nervös, dass sie ihn zuhause vergessen hat.

Verdammt, warum habe ich wieder mal nicht an den Schlüssel gedacht! Mama kommt erst in einer Stunde nach Hause.

So bleibt ihr nichts anderes übrig, als zu warten. Linda setzt sich auf die Treppenstufen. Sie schließt die Augen und träumt wieder ein bisschen von ihrer eigenen Welt.

Nach 20 Minuten steht ihre Mutter vor ihr.

„Mama, du bist schon hier?"

„Ja, ich hatte eher frei und du? Wieder deinen Schlüssel vergessen?"

„Ja leider."

„Wie lange sitzt du denn hier schon?

„20 Minuten."

„Na dann ist es ja gut, dass ich schon hier bin."

Gemeinsam betreten sie die Wohnung. Linda schaut fern und ihre Mama macht den beiden ein Abendessen fertig. Nach dem Essen geht Linda in ihr Zimmer und verbringt dort den Rest des Tages.

Dass sie im Krankenhaus war und mit dem Rettungsdienst nach Hause gefahren ist, hat Linda für sich behalten. Aber eines weiß sie - diesen Tag wird sie nie mehr vergessen.

Nach drei Tagen wird Anja aus dem Krankenhaus entlassen und meldet sich sofort bei Linda.

Täglich besuchen sie ihr Spielhaus, um anschließend den Tag am Wasser zu verbringen.

Nele gesellt sich zu ihnen. Sie kaut auf einem Grashalm und kichert plötzlich los.

„Wir drei Kaputten!"

Linda ist glücklich.

Sie weiß, dass beide Freundinnen in ihre Klasse kommen werden. Dann ist sie nicht mehr allein und kann dem Terror ihrer Mitschüler entkommen.

Rehabilitation

„Voll ätzend hier!"

Wütend wirft Ramona die Tasche auf das Bett. Marlies streicht ihr über den Kopf.

„Es ist nur zu deinem Besten!"

„Wer kümmert sich jetzt um meine Pferde?"

Hilfesuchend wendet sich die Mutter an Pierre, den Leiter der Einrichtung. Kai, Ramonas Vater, ergreift das Wort.

„Das lass mal unsere Sorge sein. Wichtig ist, dass du ein bisschen zur Ruhe kommst und vor allem, dass deine Mutter zur Ruhe kommt. Jetzt, da sie schwanger ist."

„Und wie lange?"

Pierre setzt sich neben das Mädchen.

„Wir schauen, wie lange es dauert. Mach dir keine Gedanken. Wir haben tolle Betreuer, eine tolle Schule, du kannst hier Tennis spielen oder Klavier lernen."

Ramona springt auf und brüllt: „Hoffentlich habt ihr hier auch einen Friedhof! Lieber sterbe ich, als hierzubleiben!"

Sie will gerade aus dem Zimmer rennen, da zückt der Arzt eine kleine Spritze und jagt diese in Ramonas Arm.

Marlies weint.

„Es geht nicht anders, Schatz!"

Kai nimmt seine Frau in den Arm. Sie verlassen das Zimmer mit der schlafenden Tochter und machen sich auf den Heimweg.

Stunden später erwacht Ramona.

Hat der mir ernsthaft was gespritzt?

Sie ist wütend und beschließt sich zu informieren, ob das alles so erlaubt ist.

Öde hier. Kein Handy, kein Fernsehen.

Wütend schmeißt sie ihren Koffer um. Daraufhin wirft sie alle Klamotten wieder hinein. Ich bleibe keinen Tag länger hier!

Es ist der vorletzte Ferientag und sie verlässt ungesehen das Gebäude. Mit dem Geld, das ihre Eltern ihr gegeben haben, beinahe tausend Euro, steigt sie in ein Taxi und fährt zum Bahnhof. Sie kauft sich ein Ticket für den Nachtzug und wartet in der Halle, bis er kommt. Je länger sie sitzt, umso wütender wird sie. Auf ihre Eltern, auf das Baby und vor allem auf Linda. Die ganze Nacht hindurch kann sie nicht schlafen und denkt über ihr Leben nach. Neun Stunden später ist sie am Ziel. Sie ist müde und angeschlagen.

Ramona steigt wieder in ein Taxi. Ihr Ziel sind ihre zwei Pferde. Am Reitstall angekommen steht sie vor zwei leeren Boxen.

Ob die Pferde draußen sind?

Doch auch auf der Koppel kann sie die Tiere nicht entdecken. Janosch der Pfleger kommt ihr entgegen.

„Weißt du, wo meine zwei Süßen sind?"

Er nickt.

„Freiburg."

Dann geht er weiter. Ramona erstarrt. Was machen ihre Tiere in Freiburg? Sie will Janosch hinterherrennen, doch er ist schon in seinen Jeep gestiegen und fährt von dem Gelände. Verzweifelt lässt sie sich nieder.

Ich schwöre, das wird sie mir büßen, die hat bestimmt was gesagt!

Sie läuft direkt zu Ben und klingelt an der Tür.

Grinsend öffnet er.

„Na, das war ja mal ein kurzer Urlaub!", lacht er.

Ramona schubst ihn auf die Seite und betritt die Wohnung.

„Sei still du Affe. Wir brauchen einen Plan. Die Schlampe wird mir alles büßen!"

Ben grinst.

„Showtime!"

Der letzte Tag

„Morgen beginnt die Schule."

Anja, Nele und Linda liegen am See und genießen die Sonne.

„Das wird schon, Linda. Wir sind ja bei dir!"

Linda springt auf und zieht ihre beiden neuen Freundinnen hoch.

„Kommt, noch einmal rein und dann ab nach Hause!"

Sie lachen und rennen unbeschwert und glücklich in das kalte Nass.

Linda fühlt sich sehr wohl und genießt die gemeinsame Zeit. Sie haben sich während der letzten Tage so viel erzählt und es scheint als würden sie sich schon Jahre kennen. Es dämmert bereits, als sie sich anziehen und sich verabschieden.

„Bis morgen!"

Die drei umarmen sich.

„Ich muss noch kurz in den Laden, meine Mutter hat mir eine Nachricht geschickt. Wir sehen uns morgen, ok?"

Linda nickt. Wohl ist ihr nicht, sie würde sich besser fühlen, wenn die drei gemeinsam nach Hause gingen. Die Mädchen umarmen sich und machen sich auf den Weg.

„Hallo Linda."

Erschrocken verharrt Linda. Vor ihr steht Ramona mit Ben und ihrem Gefolge.

„Ja, hallo Linda. Lange nicht mehr gesehen."

Ben eilt auf sie zu und reißt sie zu Boden. Linda will schreien, auf sich aufmerksam machen. In der Ferne kann sie noch einige Badegäste erkennen. Aber Ben weist Yusuf an, ihr den Mund zuzuhalten.

„Du elende Hure! Du bist schuld!"

Ramona tritt ihr in den Bauch.

„Sie haben mir meine Pferde weggenommen, du elende Petze!"

Ben holt aus und tritt Linda gegen den Kopf.

„Ich musste wegen dir die ganze Woche nachsitzen! Und das hier ist für den Stress mit meinem Alten!"

Er tritt dem Mädchen mitten in das Gesicht. Ihr wird schwarz vor Augen. Linda bewegt sich nicht mehr und ihre Peiniger lassen von ihr ab. Sie wollen gerade gehen, da ruft Jana: „Wartet!"

Sie zückt eine Schere.

„Am liebsten würde ich dich abstechen! Aber das hier wird dir auch eine Lehre sein." Jana packt Lindas Haare und schneidet sie ab. Bis zur Kopfhaut.

Es ist dunkel, als Linda zu Hause ankommt. Ihr Bauch tut weh und ihr Gesicht ist geschwollen. Sie weint ohne Unterlass. In der Dusche schlägt sie ihren Kopf immer wieder gegen die Fliesen.

Ich kann nicht mehr, ich kann nicht mehr.

Sie kramt ihr Lieblingsshirt aus dem Schrank und schläft ein.

„Das war so cool gestern!"

Ben und seine Jungs stehen auf dem Schulhof und lachen.

„Ja, der haben wir es gegeben!"

Ramona gesellt sich zu ihnen.

„Ich habe sie heute noch gar nicht gesehen. Die arme Tussi.“

Die Bande schlendert über den Platz und begutachtet die anderen Schüler.

„Da, die beiden Neuen. Wohnt die nicht mit der Loserin in einem Haus. Kommt, fragen wir mal, wo sie ist.“

Sie gehen auf die beiden zu und umstellen sie.

„Wo ist denn die Linda, die Schlampe?“

Säuselnd umrundet Ben die beiden. Anja fühlt sich zunehmend unwohl und will gerade in das Schulhaus gehen mit Nele, als es einen dumpfen Knall gibt. Jemand schreit. Dann schreien viele.

Ben und seine Bande weichen zurück.

„Was zum Teufel!?“

Er starrt auf den Boden. Sein Gesicht ist übersät mit Blutspritzern. Anja drückt sich durch die umherstehenden Mitschüler.

„Oh mein Gott. Linda!“

Weinend bricht sie zusammen. Sie dreht sich weg und muss sich übergeben. Vor ihr liegt ihre neue Freundin. Linda gibt ein erstickendes Geräusch von sich. Sie schaut zum Himmel und sieht ein letztes Mal die Wolken, dann ist sie tot.

„Mein Gott, sie ist einfach gesprungen!“

Nele kreischt: „Kann denn mal jemand was machen!“

Die Lehrer versuchen sie zu reanimieren und verständigen den Rettungsdienst. Es kommt allen wie Stunden vor und in der Ferne hören sie den Krankenwagen. Lehrer eilen aus dem Gebäude und versuchen den Hof zu leeren.

„Geht rein!“

Immer weiter drückt Herr Mayer auf Lindas Brustkorb.

Der Rettungswagen fährt vor und der Notarztwagen hält direkt hinter dem Rettungswagen an. Der Notarzt greift Herr Mayer auf die Schulter und schüttelt den Kopf. Herr Mayer bricht in Tränen aus. Ein Notfallsanitäter deckt Lindas Körper zu. Es kommen Seelsorger in die Schule und führen mit den Kindern und Lehrern Gespräche. Die Polizei spricht mit dem Schulleiter. Ein Leichenwagen fährt mit Linda vom Schulgelände.

Der Appell

„Heute vor einem Jahr, da wählte meine Tochter den Freitod."

Monika blickt auf ihre Notiz. Der Kloß in ihrem Hals hindert sie am Sprechen.

„Jeder der nicht hinsieht, ist schuldig. Jeder der Hand anlegt, ist schuldig. Jeder der schweigt, ist schuldig. Mit ihrem Tod starb auch ein Teil von mir. Auch ich trage Schuld."

Monika wischt sich die Tränen aus den Augen.

„Ich habe es nicht gesehen. Viel schlimmer noch, ich wollte es nicht sehen. Ihr da draußen. Bevor so ein Unglück noch einmal passiert, handelt sofort."

Monika faltet den Zettel zusammen und lässt eine bewegte Gruppe Schüler zurück. Der neue Direktor, Herr Jahn, hat Lindas Mutter eingeladen. Er schüttelt ihre Hand.

„Ihr Tod ist tragisch. Wir haben daraus gelernt."

Monika bedankt sich und verlässt das Schulgebäude. Auf dem Pausenhof sieht sie ein Meer von Blumen liegen.

Spart euch Blumen für Tote, schenkt sie den Lebenden!

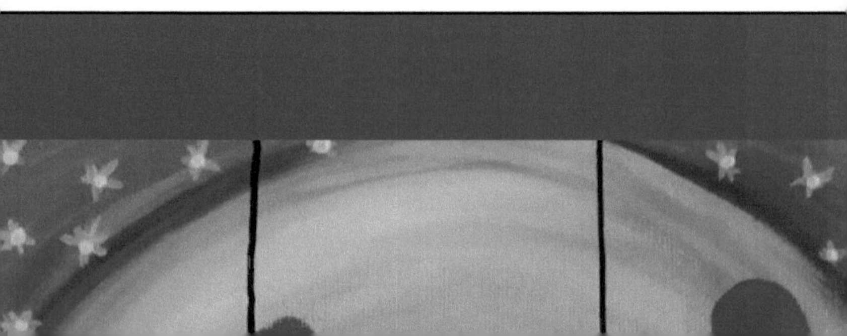

Auf den nächsten Seiten findest du ein

Mobbing – Tagebuch.

Wenn du gemobbt wirst, kannst du hier alles dokumentieren. Du bist an dem, was mit dir gemacht wird, nicht schuld. Du hast das nicht verdient und deswegen versuch mit dem Mobbing – Tagebuch einen schriftlichen Nachweis zu erschaffen, welcher dir hilft, anderen zu aufzuzeigen was mit dir passiert.

Mobbing ist kein Spaß!

Füge dich niemals in ein Leben als Opfer!

Lass dir nicht dein Selbstwertgefühl zerstören!

Du bist ein Mensch, der es verdient hat, respektiert zu werden!

Verletzte dich niemals selbst, lass die Mobber nicht gewinnen

Datum: _______________   **Uhrzeit:** _________

Was ist geschehen?

____

____

____

____

Wer war daran beteiligt?

____

____

Wurdest du verletzt?

____

____

Welche Beleidigungen wurden benutzt?

____

____

____

Was war der Auslöser?

____

____

Mit wem hast du darüber gesprochen?

____

Wie hat dein Ansprechpartner reagiert?

____

____

Wie hast du dich gefühlt /wie geht es dir jetzt?

____

____

____

Wie hat es aufgehört, was wirst du machen?

____

____

____

Datum: _________________   Uhrzeit: _________

Was ist geschehen?

____

____

____

____

Wer war daran beteiligt?

____

____

Wurdest du verletzt?

____

____

Welche Beleidigungen wurden benutzt?

____

____

____

Was war der Auslöser?

____

____

Mit wem hast du darüber gesprochen?

____

Wie hat dein Ansprechpartner reagiert?

____

____

Wie hast du dich gefühlt /wie geht es dir jetzt?

____

____

____

Wie hat es aufgehört, was wirst du machen?

____

____

____

Datum: _________________   **Uhrzeit:** _________

Was ist geschehen?

____

____

____

____

Wer war daran beteiligt?

____

____

Wurdest du verletzt?

____

____

Welche Beleidigungen wurden benutzt?

____

____

Was war der Auslöser?

Mit wem hast du darüber gesprochen?

Wie hat dein Ansprechpartner reagiert?

Wie hast du dich gefühlt /wie geht es dir jetzt?

Wie hat es aufgehört, was wirst du machen?

Datum: _______________   Uhrzeit: _________

Was ist geschehen?

____

____

____

____

Wer war daran beteiligt?

____

____

Wurdest du verletzt?

____

____

Welche Beleidigungen wurden benutzt?

____

____

____

Was war der Auslöser?

____

____

Mit wem hast du darüber gesprochen?

____

Wie hat dein Ansprechpartner reagiert?

____

____

Wie hast du dich gefühlt /wie geht es dir jetzt?

____

____

Wie hat es aufgehört, was wirst du machen?

____

____

Datum: ________________   Uhrzeit: _________

Was ist geschehen?

____

____

____

____

Wer war daran beteiligt?

____

____

Wurdest du verletzt?

____

____

Welche Beleidigungen wurden benutzt?

____

____

____

Was war der Auslöser?

Mit wem hast du darüber gesprochen?

Wie hat dein Ansprechpartner reagiert?

Wie hast du dich gefühlt / wie geht es dir jetzt?

Wie hat es aufgehört, was wirst du machen?

Datum: ___________________   Uhrzeit: __________

Was ist geschehen?

____

____

____

____

Wer war daran beteiligt?

____

____

Wurdest du verletzt?

____

____

Welche Beleidigungen wurden benutzt?

____

____

Was war der Auslöser?

____

____

Mit wem hast du darüber gesprochen?

____

Wie hat dein Ansprechpartner reagiert?

____

____

Wie hast du dich gefühlt /wie geht es dir jetzt?

____

____

____

Wie hat es aufgehört, was wirst du machen?

____

____

____

Datum: _________________   Uhrzeit: _________

Was ist geschehen?

____

____

____

____

Wer war daran beteiligt?

____

____

Wurdest du verletzt?

____

____

Welche Beleidigungen wurden benutzt?

____

____

____

138

Was war der Auslöser?

____

____

Mit wem hast du darüber gesprochen?

____

Wie hat dein Ansprechpartner reagiert?

____

____

Wie hast du dich gefühlt /wie geht es dir jetzt?

____

____

____

Wie hat es aufgehört, was wirst du machen?

____

____

____

Datum: _________________   Uhrzeit: _________

Was ist geschehen?

____

____

____

____

Wer war daran beteiligt?

____

____

Wurdest du verletzt?

____

____

Welche Beleidigungen wurden benutzt?

____

____

____

Was war der Auslöser?

____

____

Mit wem hast du darüber gesprochen?

____

Wie hat dein Ansprechpartner reagiert?

____

____

Wie hast du dich gefühlt /wie geht es dir jetzt?

____

____

Wie hat es aufgehört, was wirst du machen?

____

____

____

Datum: _________________   Uhrzeit: _________

Was ist geschehen?

____

____

____

____

Wer war daran beteiligt?

____

____

Wurdest du verletzt?

____

____

Welche Beleidigungen wurden benutzt?

____

____

____

Was war der Auslöser?

____

____

Mit wem hast du darüber gesprochen?

____

Wie hat dein Ansprechpartner reagiert?

____

____

Wie hast du dich gefühlt /wie geht es dir jetzt?

____

____

____

Wie hat es aufgehört, was wirst du machen?

____

____

____

Datum: _________________ **Uhrzeit:** _________

Was ist geschehen?

____

____

____

____

Wer war daran beteiligt?

____

____

Wurdest du verletzt?

____

____

Welche Beleidigungen wurden benutzt?

____

____

____

Was war der Auslöser?

____

____

Mit wem hast du darüber gesprochen?

____

Wie hat dein Ansprechpartner reagiert?

____

____

Wie hast du dich gefühlt /wie geht es dir jetzt?

____

____

____

Wie hat es aufgehört, was wirst du machen?

____

____

____

Datum: _________________   Uhrzeit: _________

Was ist geschehen?

____

____

____

____

Wer war daran beteiligt?

____

____

Wurdest du verletzt?

____

____

Welche Beleidigungen wurden benutzt?

____

____

____

Was war der Auslöser?

____

____

Mit wem hast du darüber gesprochen?

____

Wie hat dein Ansprechpartner reagiert?

____

____

Wie hast du dich gefühlt / wie geht es dir jetzt?

____

____

____

Wie hat es aufgehört, was wirst du machen?

____

____

____

Datum: ______________________ Uhrzeit: _________

Was ist geschehen?

____

____

____

____

Wer war daran beteiligt?

____

____

Wurdest du verletzt?

____

____

Welche Beleidigungen wurden benutzt?

____

____

____

Was war der Auslöser?

____

____

Mit wem hast du darüber gesprochen?

____

Wie hat dein Ansprechpartner reagiert?

____

____

Wie hast du dich gefühlt /wie geht es dir jetzt?

____

____

____

Wie hat es aufgehört, was wirst du machen?

____

____

____

Datum: _________________ **Uhrzeit:** _________

Was ist geschehen?

____

____

____

____

Wer war daran beteiligt?

____

____

Wurdest du verletzt?

____

____

Welche Beleidigungen wurden benutzt?

____

____

____

Was war der Auslöser?

____

____

Mit wem hast du darüber gesprochen?

____

Wie hat dein Ansprechpartner reagiert?

____

____

Wie hast du dich gefühlt /wie geht es dir jetzt?

____

____

____

Wie hat es aufgehört, was wirst du machen?

____

____

____

Datum: _______________ Uhrzeit: _________

Was ist geschehen?

____

____

____

____

Wer war daran beteiligt?

____

____

Wurdest du verletzt?

____

____

Welche Beleidigungen wurden benutzt?

____

____

____

Was war der Auslöser?

____

____

Mit wem hast du darüber gesprochen?

____

Wie hat dein Ansprechpartner reagiert?

____

____

Wie hast du dich gefühlt /wie geht es dir jetzt?

____

____

Wie hat es aufgehört, was wirst du machen?

____

____

____

Datum: _________________ Uhrzeit: _________

Was ist geschehen?

____

____

____

____

Wer war daran beteiligt?

____

____

Wurdest du verletzt?

____

____

Welche Beleidigungen wurden benutzt?

____

____

____

Was war der Auslöser?

____

____

Mit wem hast du darüber gesprochen?

____

Wie hat dein Ansprechpartner reagiert?

____

____

Wie hast du dich gefühlt /wie geht es dir jetzt?

____

____

____

Wie hat es aufgehört, was wirst du machen?

____

____

____

Datum: _________________   Uhrzeit: _________

Was ist geschehen?

____

____

____

____

Wer war daran beteiligt?

____

____

Wurdest du verletzt?

____

____

Welche Beleidigungen wurden benutzt?

____

____

Was war der Auslöser?

____

____

Mit wem hast du darüber gesprochen?

____

Wie hat dein Ansprechpartner reagiert?

____

____

Wie hast du dich gefühlt / wie geht es dir jetzt?

____

____

Wie hat es aufgehört, was wirst du machen?

____

____

____

Datum: _________________   Uhrzeit: _________

Was ist geschehen?

____

____

____

____

Wer war daran beteiligt?

____

____

Wurdest du verletzt?

____

____

Welche Beleidigungen wurden benutzt?

____

____

____

Was war der Auslöser?

____

____

Mit wem hast du darüber gesprochen?

____

Wie hat dein Ansprechpartner reagiert?

____

____

Wie hast du dich gefühlt / wie geht es dir jetzt?

____

____

____

Wie hat es aufgehört, was wirst du machen?

____

____

____

Datum: _________________   **Uhrzeit:** _________

Was ist geschehen?

____

____

____

____

Wer war daran beteiligt?

____

____

Wurdest du verletzt?

____

____

Welche Beleidigungen wurden benutzt?

____

____

Was war der Auslöser?

____

____

Mit wem hast du darüber gesprochen?

____

Wie hat dein Ansprechpartner reagiert?

____

____

Wie hast du dich gefühlt /wie geht es dir jetzt?

____

____

____

Wie hat es aufgehört, was wirst du machen?

____

____

____

Datum: ________________   Uhrzeit: _________

Was ist geschehen?

____

____

____

____

Wer war daran beteiligt?

____

____

Wurdest du verletzt?

____

____

Welche Beleidigungen wurden benutzt?

____

____

Was war der Auslöser?

____

____

Mit wem hast du darüber gesprochen?

____

Wie hat dein Ansprechpartner reagiert?

____

____

Wie hast du dich gefühlt /wie geht es dir jetzt?

____

____

____

Wie hat es aufgehört, was wirst du machen?

____

____

____

Datum: _________________ Uhrzeit: _________

Was ist geschehen?

____

____

____

____

Wer war daran beteiligt?

____

____

Wurdest du verletzt?

____

____

Welche Beleidigungen wurden benutzt?

____

____

Was war der Auslöser?

Mit wem hast du darüber gesprochen?

Wie hat dein Ansprechpartner reagiert?

Wie hast du dich gefühlt /wie geht es dir jetzt?

Wie hat es aufgehört, was wirst du machen?

Datum: ________________   Uhrzeit: _________

Was ist geschehen?

____

Wer war daran beteiligt?

Wurdest du verletzt?

Welche Beleidigungen wurden benutzt?

Was war der Auslöser?

____

____

Mit wem hast du darüber gesprochen?

____

Wie hat dein Ansprechpartner reagiert?

____

____

Wie hast du dich gefühlt /wie geht es dir jetzt?

____

____

____

Wie hat es aufgehört, was wirst du machen?

____

____

____

Datum: ________________   Uhrzeit: ________

Was ist geschehen?

____

____

____

____

Wer war daran beteiligt?

____

____

Wurdest du verletzt?

____

____

Welche Beleidigungen wurden benutzt?

____

____

Was war der Auslöser?

____

____

Mit wem hast du darüber gesprochen?

____

Wie hat dein Ansprechpartner reagiert?

____

____

Wie hast du dich gefühlt /wie geht es dir jetzt?

____

____

____

Wie hat es aufgehört, was wirst du machen?

____

____

____

Datum: _________________   Uhrzeit: _________

Was ist geschehen?

____

____

____

____

Wer war daran beteiligt?

____

____

Wurdest du verletzt?

____

____

Welche Beleidigungen wurden benutzt?

____

____

____

Was war der Auslöser?

____

____

Mit wem hast du darüber gesprochen?

____

Wie hat dein Ansprechpartner reagiert?

____

____

Wie hast du dich gefühlt /wie geht es dir jetzt?

____

____

____

Wie hat es aufgehört, was wirst du machen?

____

____

____

Datum: ________________   Uhrzeit: _________

Was ist geschehen?

____

____

____

____

Wer war daran beteiligt?

____

____

Wurdest du verletzt?

____

____

Welche Beleidigungen wurden benutzt?

____

____

Was war der Auslöser?

____

____

Mit wem hast du darüber gesprochen?

____

Wie hat dein Ansprechpartner reagiert?

____

____

Wie hast du dich gefühlt /wie geht es dir jetzt?

____

____

____

Wie hat es aufgehört, was wirst du machen?

____

____

____

Datum: _________________   Uhrzeit: _________

Was ist geschehen?

____

____

____

____

Wer war daran beteiligt?

____

____

Wurdest du verletzt?

____

____

Welche Beleidigungen wurden benutzt?

____

____

____

Was war der Auslöser?

____

____

175

Mit wem hast du darüber gesprochen?

____

Wie hat dein Ansprechpartner reagiert?

____

____

Wie hast du dich gefühlt /wie geht es dir jetzt?

____

____

____

Wie hat es aufgehört, was wirst du machen?

____

____

____

Datum: _________________ **Uhrzeit:** _________

Was ist geschehen?

____

____

____

____

Wer war daran beteiligt?

____

____

Wurdest du verletzt?

____

____

Welche Beleidigungen wurden benutzt?

____

____

____

Was war der Auslöser?

Mit wem hast du darüber gesprochen?

Wie hat dein Ansprechpartner reagiert?

Wie hast du dich gefühlt / wie geht es dir jetzt?

Wie hat es aufgehört, was wirst du machen?

Datum: _________________ Uhrzeit: _________

Was ist geschehen?

____

____

____

____

Wer war daran beteiligt?

____

____

Wurdest du verletzt?

____

____

Welche Beleidigungen wurden benutzt?

____

____

____

Was war der Auslöser?

____

____

Mit wem hast du darüber gesprochen?

____

Wie hat dein Ansprechpartner reagiert?

____

____

Wie hast du dich gefühlt /wie geht es dir jetzt?

____

____

____

Wie hat es aufgehört, was wirst du machen?

____

____

____

Datum: _______________   **Uhrzeit:** _________

Was ist geschehen?

____

____

____

____

Wer war daran beteiligt?

____

____

Wurdest du verletzt?

____

____

Welche Beleidigungen wurden benutzt?

____

____

Was war der Auslöser?

____

____

Mit wem hast du darüber gesprochen?

____

Wie hat dein Ansprechpartner reagiert?

____

____

Wie hast du dich gefühlt /wie geht es dir jetzt?

____

____

____

Wie hat es aufgehört, was wirst du machen?

____

____

____

Datum: _________________ Uhrzeit: _________

Was ist geschehen?

____

____

____

____

Wer war daran beteiligt?

____

____

Wurdest du verletzt?

____

____

Welche Beleidigungen wurden benutzt?

____

____

____

Was war der Auslöser?

____

____

Mit wem hast du darüber gesprochen?

____

Wie hat dein Ansprechpartner reagiert?

____

____

Wie hast du dich gefühlt /wie geht es dir jetzt?

____

____

____

Wie hat es aufgehört, was wirst du machen?

____

____

____

Datum: _________________   Uhrzeit: _________

Was ist geschehen?

____

____

____

____

Wer war daran beteiligt?

____

____

Wurdest du verletzt?

____

____

Welche Beleidigungen wurden benutzt?

____

____

____

Was war der Auslöser?

____

____

Mit wem hast du darüber gesprochen?

____

Wie hat dein Ansprechpartner reagiert?

____

____

Wie hast du dich gefühlt /wie geht es dir jetzt?

____

____

____

Wie hat es aufgehört, was wirst du machen?

____

____

____

Datum: _________________   Uhrzeit: _________

Was ist geschehen?

____

____

____

____

Wer war daran beteiligt?

____

____

Wurdest du verletzt?

____

____

Welche Beleidigungen wurden benutzt?

____

____

Was war der Auslöser?

____

____

Mit wem hast du darüber gesprochen?

____

Wie hat dein Ansprechpartner reagiert?

____

____

Wie hast du dich gefühlt / wie geht es dir jetzt?

____

____

____

Wie hat es aufgehört, was wirst du machen?

____

____

____

Du hast jetzt einen Monat lang dieses
Mobbing – Tagebuch geführt. Jetzt ist es an der Zeit,
mit deinen Eltern das Tagebuch gemeinsam zu be-
sprechen. Du hast es nun schwarz auf weiß, um
ihnen zu zeigen, was du täglich durchmachen musst.

Geht gemeinsam zu deiner Schule
und sprecht mit dem Vertrauenslehrer oder
der Schulleitung über dieses Tagebuch.

Ich hoffe, dass du diese Hölle des
täglichen Mobbings bald hinter dir lassen kannst.
Glaube mir, du bist ein starker Mensch!
Du denkst jetzt bestimmt: „Nein, das bin ich nicht!“
Doch das bist du, weil du trotz allem, was dir pas-
siert ist, hier bist und dein Leben lebst.
Keiner von den Personen, die dir das antun, könnten
auch nur einen deiner Tage überstehen. Lass diese
Menschen nicht dein Innerstes zerstören.

Du bist stark und du hast ein tolles Leben vor dir.
Mobber haben meist Angst vor den Menschen,
die sie mobben. Entweder verstehen sie etwas nicht,
oder sie haben Angst, vor genau dieser Stärke,
die „DU“ ausstrahlst.

Ich weiß, dass du es schaffen wirst!

Carsten Burkhardt,
geb. 1984, ist Buchautor, Verleger,
Journalist und Podcaster.
Er ist Ehemann und Vater von
zwei Töchtern und lebt im
beschaulichen Georgsmarienhütte.